Markus Koppen

Die E-Portfolioarbeit. Chancen und Grenzen
in den Bildungsgängen der Ausbildungsvorbereitung

Beschreibung und Bewertung von drei E-Portfolios

Bibliografische Information der Deutschen Nationalbibliothek:

Die Deutsche Nationalbibliothek verzeichnet diese Publikation in der Deutschen Nationalbibliografie; detaillierte bibliografische Daten sind im Internet über http://dnb.d-nb.de abrufbar.

Impressum:

Copyright © 2016 Studylab

Ein Imprint der GRIN Verlag, Open Publishing GmbH

Druck und Bindung: Books on Demand GmbH, Norderstedt, Germany

Coverbild: ei8htz

Markus Koppen

Die E-Portfolioarbeit. Chancen und Grenzen in den Bildungsgängen der Ausbildungsvorbereitung

Beschreibung und Bewertung von drei E-Portfolios

2015

Inhaltsverzeichnis

Inhaltsverzeichnis 4

1. Einleitung 6

2. Definition und Verwendung von Portfolios 7

3. Das E-Portfolio als digitale Lernumgebung für eine Portfolioarbeit 11

    3.1. Technische Anforderungen an ein E-Portfolio 12

    3.2. Inhaltliche Anforderungen an ein E-Portfolio 13

4. SuS im Bildungsgang Ausbildungsvorbereitung als Zielgruppe der E-Portfolioarbeit 15

    4.1. Curricularer Erwartungshorizont und Voraussetzungen 15

    Lebenswelt und Lernvoraussetzungen der Zielgruppe 17

        4.1.1. Fehlende berufliche Orientierung 18

        4.1.2. Fehlende Sozialkompetenz 19

        4.1.3. Fehlende Fach- und Methodenkompetenz 20

5. Chancen & Grenzen von E-Portfolios in Bezug auf die Zielgruppe 22

    5.1. Chancen 22

        5.1.1. Elektronische Potenziale 22

        5.1.2. Chancen zur Reflexion und Kompetenzdarstellung 27

        5.1.3. Methodische Potenziale 28

        5.1.4. Chancen für die berufliche Orientierung 29

        5.1.5. Möglichkeiten zur Dokumentation 30

        5.1.6. Weitere Potenziale 31

    5.2. Grenzen 32

        5.2.1. Ressourcenaufwand 32

        5.2.2. Begrenzte Auswahl der Systeme 33

        5.2.3. Begrenzte Kompetenzvermittlung und Individualisierung 34

        5.2.4. Elektronische Lernumgebung 35

        5.2.5. Anderweitige didaktische Grenzen 37

6. Existierende nationale Angebote im Bereich der E-Portfolios 38

    6.1. Berufswahlpass online 38

6.2. Jobmappe NRW 41

6.3. eProfilPASS (ePP) 43

7. Kriterien zur Bewertung von E-Portfolio-Konzepten 46

7.1. Technische Umsetzung 46

7.2. Berufliche Orientierung 46

7.3. Sozialkompetenz 47

7.4. Fach- und Methodenkompetenz 48

8. Bewertung der E-Portfolios anhand der Kriterien 50

8.1. Technische Umsetzung 50

    8.1.1. Untersuchung der Konzepte 50

    8.1.2. Bewertung der Konzepte 52

8.2. Berufliche Orientierung 53

    8.2.1. Untersuchung der Konzepte 53

    8.2.2. Bewertung der Konzepte 57

8.3. Sozialkompetenz 58

    8.3.1. Untersuchung der Konzepte 58

    8.3.2. Bewertung der Konzepte 59

8.4. Fach- und Methodenkompetenz 60

    8.4.1. Untersuchung der Konzepte 60

    8.4.2. Bewertung der Konzepte 64

8.5. Ergebnisübersicht & Schlussfolgerung 64

9. Fazit 67

Literaturverzeichnis 68

1 Einleitung

Aufgrund der stetig voranschreitenden Digitalisierung haben sich heutzutage digitale Medien und Plattformen als Selbstverständlichkeit in unserem alltäglichen Leben etabliert und verändern dadurch auch die Art und Weise wie wir lernen und wie wir mit dem neuen Fundus von Wissen umgehen.

Diese Entwicklungen machen auch vor der Portfolioarbeit nicht halt. Der Portfolioansatz, der sich seit Ende der 80er Jahre einer immer größer werdenden Aufmerksamkeit in allen Bereichen des deutschen Bildungssystems erfreut, wurde bereits in elektronische Lernumgebungen implementiert. Hierbei spricht man folglich von E-Portfolioarbeit.

Mit dieser Arbeit möchte ich die Chancen und Grenzen des Einsatzes der E-Portfolioarbeit für die Zielgruppe der Schülerinnen und Schüler in den Bildungsgängen der Ausbildungsvorbereitung eruieren.

Zunächst wird erläutert, worum es sich bei Portfolioarbeit handelt, gefolgt von einer Erweiterung dieser Methode auf E-Portfolios und eine Darstellung der hiermit verbundenen Anforderungen. Darauf aufbauend wird zunächst erläutert, welche Charakteristika, insbesondere welche Defizite, die Zielgruppe in den Bildungsgängen der Ausbildungsvorbereitung aufweist. Anschließend werden diese beiden Teile miteinander in Verbindung gebracht: Es wird analysiert, welche Chancen und Grenzen die E-Portfolioarbeit mit dieser Zielgruppe bietet.

Neben dieser grundsätzlichen Fragestellung muss jedoch beachtet werden, dass es verschiedene Angebote von E-Portfolios gibt, die unterschiedliche Stärken und Schwächen aufweisen. Deshalb werden drei E-Portfolios beschrieben und es soll anhand fest definierter Kriterien bewertet werden, inwiefern jedes einzelne dieser E-Portfolios die Chancen für die Schülerinnen und Schüler der Zielgruppe nutzen kann.

2 Definition und Verwendung von Portfolios

„Ein Portfolio ist eine zielgerichtete Sammlung von Arbeiten, welche die individuellen Bemühungen, Fortschritte und Leistungen der/des Lernenden auf einem oder mehreren Gebieten zeigt. Die Sammlung muss die Beteiligung der/des Lernenden an der Auswahl der Inhalte, der Kriterien für die Auswahl, der Festlegung der Beurteilungskriterien sowie Hinweise auf die Selbstreflexion der/des Lernenden einschließt." (Paulson ,1991; zitiert nach Häcker 2006, 36)

Inhalte Methoden und Ergebnisse sollen während der Lernphase in schriftlicher Form festgehalten und gezielt beobachtet werden, um damit mögliche Fortschritte und Entwicklungen während des Lernprozesses zu verdeutlichen. (vgl. Häcker 2005b, 6)

Die Intention ist nicht ausschließlich die Sammlung der verschiedenen Leistungen, sondern sie soll vielmehr dazu dienen, reflexive Denkansätze über das Gesammelte zu aktivieren, zu fördern und dabei erlebte Lernerfahrungen zu nutzen, damit Lernprozesse weiterentwickelt werden können. Die Lernenden partizipieren dabei an der Erstellung von gewissen Beurteilungskriterien zur Auswahl ihrer Portfoliobestandteile und setzen gemeinsam im Vorfeld mit dem Lehrer individuelle Lernziele fest, welche nach der Portfolioarbeit erreicht werden sollten. Dabei muss ein klarer Rahmen festgelegt werden, der beispielsweise Ziele, Erwartungen, Umfang oder auch Bewertungen vorgibt, die vorher gemeinsam mit den Lernenden definiert und festgelegt werden, um deren Objektivität zu erhöhen. Portfoliomethoden benötigen anfänglich und begleitend eine gewisse Hilfestellung seitens der Lehrenden, damit die Methode ihre richtige Anwendung findet und ihren Zweck innerhalb der teilnehmenden Zielgruppe erfüllen kann. Nach Häcker dienen Portfolios mehr oder minder der selbstbestimmenden Darstellung der eigenen Kompetenzen anhand selbst ausgewählter Leistungsprodukte. (vgl. Häcker 2006, 34)

Der Portfoliobegriff findet seit knapp 25 Jahren im schulischen Zusammenhang Verwendung und findet oftmals auch in der Finanzwirtschaft oder in der allgemeinen Wirtschaft Gebrauch. Erste Diskurse über Beurteilungen von Leistungen wurden bereits in den 1980er Jahren in den Vereinigten Staaten geführt, um die Qualität des Lernens zu reformieren und zu verbessern. Vor allem sollten Alternativen zu Bewertungsverfahren gefunden werden und der Anteil des selbstgesteuerten Lernens erhöht werden. Portfolios weisen einen konstruktivistischen

Charakter auf, indem sich die Lernenden in einem aktiven Handlungsprozess ihr Wissen konstruieren und die Welt nicht einfach abbilden.

Die Weltaneignung soll in dokumentarischer Form von verschiedenen Versionen von Wirklichkeiten konzipiert werden und auf ihre individuelle und fremde Passung hin reflektiert werden. Reflexionen sollen dabei nicht immer subjektiv bleiben, sondern im Einklang mit Verständigungs- und Verständnisprozessen mit anderen gebraucht werden. (vgl. Reich 2003, 4)

Die USA verfügen derweil über einen hohen Erfahrungsschatz hinsichtlich des Portfolioeinsatzes. Diese finden in vielseitiger Form im amerikanischen Bildungssystem Einsatz und die bezugnehmende Literatur sei kaum noch zu überblicken. (vgl. Fink 2010, 25) Somit sei es heute auch schwierig, Portfolios genau zu definieren, da diese besonders im amerikanischen Raum vielartig und-zählig vertreten sind und je nach Zweck, Art, Fach oder Auswertungszusammenhang variieren. (vgl. Reich 2003, 3)

Im deutschsprachigen Raum hingegen gelangen erste Veröffentlichungen und Erfahrungen mit Portfolio-Konzepten in den 1990er Jahren auf den Markt. Diese sollen als Instrument für den Unterricht dienen sowie die individuell erbrachten Leistungen dokumentieren. Die ersten Arbeiten nehmen Bezug auf eine neue Lernkultur, welche ein Verfahren zur Bewertung von Schülerleistungen fordert und das bestehende System der Notengebung als ungenügend deklariert. (vgl. Fink 2010, 27) Portfolios stellen in diesem Zusammenhang eine alternative Methode der Leistungsbeurteilung dar, die eine bloße stichprobenartige, punktuelle und oberflächliche Bewertung von Leistungen ausschließt und die Eigenständigkeit und Selbsteinschätzung der Lernenden stärker berücksichtigen soll. (vgl. Reich 2003, 4)Man verfolgt dabei auch die Einsatzmöglichkeiten in der Lehrerbildung und versucht Konzepte zu entwickeln, die das Portfolio in den Mittelpunkt des Unterrichtes stellen sollen. (vgl. Schallies & Wellensiek & Lembens, 2000; zitiert nach Fink 2010, 28)

Die Schüler und Schülerinnen[1] werden durch ihre unterschiedlichen Lernweisen und Erschließungswege differenziert. Lernumgebungen müssen sich dieser Herausforderung stellen und die Förderung jedes Einzelnen gewährleisten und unterstützen. Portfolios können dabei als individuelles Dokumentationsinstrument, welches die unterschiedlichen Erschließungswege und Lernleistungen dokumen-

---

[1] fortan abgekürzt als „SuS"

tiert sowie den Prozess unterstützt. Portfolios können Lernarrangements individualisieren und Selbstregulierungsprozesse fördernd unterstützen. Charakterisiert werden diese durch ein hohes Maß an schriftlichen Prozessen, da schriftliche Eintragungen und Kommentare den eigenen Lernprozess dokumentieren und den Entstehungsprozess des Lernens darstellen sollen.

Wesentliche Ziele der Portfolioarbeit sind dabei die Dokumentation erbrachter Leistungen, um beispielsweise erbrachte Lernprodukte zu präsentieren und zu veranschaulichen. Lernende können individuell ihre Auswahl der Lernresultate sammeln und auswählen, systematisch reflektieren und ihre Lern- und Methodenkompetenzen dadurch verbessern. Lernvorgänge sollen entsprechend durch Portfolios ergänzt werden und zu einem verzahnten Einsatz zu sonstigen Lernmethoden hergestellt werden. Dies soll möglichst in einem kontinuierlichen und längerfristigen Prozess geschehen und eine multidimensionale Bandbreite einer Sammlung entsprechen. Somit kann dieser aktiv in seinen Lernprozess eingreifen, diesen interpretieren und kontinuierlich reflektieren. Durch Fördergespräche, Fremd- und Selbstbeurteilungen kann sich zudem eine vielseitig nutzvolle Feedbackkultur entfalten. (vgl. Reich 2003, 4)

Portfolioarbeit bietet damit einen Anreiz gemeinsam über Perspektiven, Ergebnisse und Entwicklungen zu reflektieren und diese individuell für die persönliche Entwicklung hinsichtlich der Lernkompetenz und Lernfähigkeit nutzbar zu machen. Portfolios können dabei Ansatzpunkte für gezielte individuelle Förderungen anbieten. (vgl. Wiedenhorn 2006, 10) Fortschritte und Verbesserungsmöglichkeiten können in diesem Zuge festgestellt werden und im Dialog mit der Lehrkraft zu neuen Zielvereinbarungen und Forderungen leiten.

SuS können dadurch mehr zur Eigenverantwortung für ihr eigenes Lernen und ihrer individuellen Entwicklung herangezogen werden. Lernergebnisse können auf unterschiedliche Weise partizipiert werden. Die Spannweite reicht von der unterrichtlichen Präsentation bis hin zu einer Veröffentlichung eines Portfolios.

In klassischen Leistungsdarstellungen heben Lehrkräfte defizitbezogene Anlagen hervor, wohingegen Portfolioarbeit die Kompetenzorientierung fokussiert, den Schüler aktiv und selbstbestimmt in den Unterricht mit einbindet (vgl. Häcker 2005b, 5) und somit Stärken und Interessen der Lernenden gefördert werden.

Der Einsatz von Portfolio-Konzepten lässt sich derweil in der beruflichen Bildung, in der Fort- und Weiterbildung, im Grundschulbereich sowie in der Hochschullehre vorfinden. Verschiedene Verwendungsformen finden sich bei dem Gebrauch der Portfolioarbeit wieder. Portfolios gestalten sich dadurch nicht eindimensional, sondern können eine Vielzahl von Methoden und Handlungen bezüglich Dokumentations- und Reflexionsformen enthalten.

Portfolios gestalten sich vielseitig und sind je nach Verwendungszweck verschiedenartig definiert. Die Grundlage des Portfolioeinsatzes bleibt jedoch gleich individuelle Leistungen und Lernerfahrungen sollen dokumentiert, ausgewählt, reflektiert und zum selbstregulierenden Lernen führen. Grundsätzlich gibt es zwei Typen von Portfolios: 1. prozessorientierte Portfolios sowie 2. produkt- und ergebnisorientierte Portfolios.

Prozessorientierte Portfolios halten den Prozess des Lernens und die daran gekoppelten Lernfortschritte fest. Schriftlich fixierte Vorüberlegungen, Entwürfe, Reflexionen hinsichtlich des Lernprozesses und Hindernisse im Lernprozess spiegeln hierbei die vielseitigen Facetten und Phasen des Lernprozesses wider. Fähigkeiten, Kenntnisse und metakognitive Fähigkeiten sollen hierbei entwickelt werden und zum selbstgesteuerten Lernen führen. Kenntnisse und Fähigkeiten sowie die Entwicklung metakognitiver Fähigkeiten sollen mit Hilfe dieses Portfoliotyps erreicht werden, dass dadurch darüber hinaus das selbstregulierende Lernen fördern kann. Die Unterschiede von vorher und nachher sollen festgestellt und unter Reflexion des Lernprozesses beschrieben werden. Bestandteil sollen sowohl gute als auch schlechte Leistungen sein, die gezielt durch die Lernenden ausgewählt werden können, um den individuellen Lernprozess bestmöglich darstellen zu lassen und ihn erlebbar zu machen. (vgl. Reich 2003, 11)

Produkt- und ergebnisorientierte Portfolios dokumentieren hingegen die Qualität des Ergebnisses bzw. Produktes. Hierbei sollten die besten Arbeiten der SuS, die bedeutend für den gemachten Lernprozess sind, in die eigene Sammelmappe integriert werden. Diese dient vor Allem der abschließenden Bewertung und Beurteilung des gesamten Lernprozesses oder auch nur von Teilphasen. Nur abgeschlossene Ergebnisse sollen aufgenommen werden und die Auswahl und Ergebnisse vom Lernenden reflektiert werden. Lernabschnitte können hierbei gut dokumentiert werden. (vgl. Reich 2003, 11)

Darüber hinaus gibt es zahlreiche Mischformen aus diesen beiden Portfoliotypen.

3 Das E-Portfolio als digitale Lernumgebung für eine Portfolioarbeit

Das elektronische Portfolio überträgt die Grundidee der Portfolioarbeit in eine digitale Lernumgebung, die ebenso eine Speicherung der Dokumentationen bezüglich Leistungen, Entwicklungen und Vernetzungen ermöglicht. Im Gegensatz zur papiergebundenen Mappe, liegt hier eine digitalisierte Form der Mappe vor und kann daher aus einer Vielzahl von medialen Inhalten bestehen. Insofern steht das „E" in E-Portfolio für elektronisch, gleichbedeutend von E-Post bzw. E-Mail.

Eine einheitliche Definition des E-Portfoliobegriffes lässt sich literarisch nicht eindeutig zuweisen. Matthias C. Fink gibt eine passende Definition des Portfolios:

> „Ein e-Portfolio ist eine Zusammenstellung von einzelnen Lerngegenständen und -resultaten, die mit dem Ziel gesammelt wurden, um über einen längeren Zeitrahmen eine Leistungsentwicklung zu dokumentieren. Die Sammlung der e-Portfolio-Arbeit kann Gegenstand eines Online Austauschs und einer damit verbundenen Modifizierung und Akzentuierung sein. Neben der Sammlung der Dokumente nehmen Reflexionen über die eigenen Lernprozesse und der damit verbundenen Lernresultate eine besondere Bedeutung für das Lernen ein." (Fink 2010, 52)

Erste Entwicklungen der E-Portfolioarbeit gingen von Nordamerika aus. Zahlreiche E-Portfolio Konzepte wurden bereits entwickelt. Im Zuge des technischen Fortschrittes sowie der Digitalisierung entstehen immer mehr technische Innovationen und Möglichkeiten, die in die E-Portfolioarbeit implementiert werden und diese beeinflussen können. (vgl. Fink 2010, 49) In Europa gelangte die E-Portfolioarbeit erst Ende der 1990er Jahre in den Gebrauch. Die Idee wurde durch das Europäische Institut für eLearning aufgegriffen (EIFE-L) und mit der sogenannten „Europortfolio-Initiative" beworben. Gemeinsames Ziel dieser Initiative war, dass jeder Bürger bis zum Jahre 2010 über ein E-Portfolio verfügen sollte, um die Förderung des lebenslangen Lernens für jeden EU Bürger zu unterstützen. Dies konnte in diesem Umfang nicht erreicht werden. In Europa finden E-Portfolioansätze besonders in Großbritannien, den Niederlanden, Österreich und Teilen Skandinaviens Anwendung. Die Arbeit mit E-Portfolios im europäischen Raum ist somit derzeit noch am Beginn seiner Entwicklung. (vgl. Fink 2010, 49ff.)

Der digitale Rahmen des E-Portfolios ermöglicht eine große Spannweite von neuen digitalen und technischen Möglichkeiten. Zudem stellt das E-Portfolio ein

Instrument für ein bildungs- und lebensphasenübergreifenden Lernens dar, welches durch seine digitale Offenheit gekennzeichnet ist und je nach Verwendungszweck auf die Art des Gebrauches hin modifiziert werden kann und muss.

3.1 Technische Anforderungen an ein E-Portfolio

Da E-Portfolios, anders als klassische Portfolios, ein elektronisches Umfeld haben, müssen gewisse technische Anforderungen erfüllt sein. Diese sollen in Folgenden vorgestellt werden.

E-Portfolio-Konzepte können Softwarestrukturen einbetten, die entsprechenden Lernprozesse einleiten und unterstützen. Dies kann beispielsweise durch Feedbackfunktionen, Kommentarfelder, digitale Lerntagebüchern (vgl. Fink 2010, 61) oder auch durch ganzheitliche Tools verwirklicht werden.

Softwaresysteme überführen hierbei Portfolios in die digitale Lernumgebung und bilden damit die technische Grundlage zur Realisation.

Dabei kann es sich um frei erwerbliche Softwareprodukte, so genannte Open Source Anwendungen (OSP, eLGG, Mahara) um kommerziell erwerbliche Software (pebblepad) handeln. Dabei zu beachten ist, dass es sich je nach Software um unterschiedliche Varianten der Umsetzung handelt. Die unterschiedlichen Software Produkte bieten eine Vielzahl von Funktionen und technischen Umsetzungen an, die von Web 2.0 Implementierungen wie Wikis oder Blogs ausgehen können bis hin zu integrierten Learning Management Systemen oder E-Learning Elementen.

Software für E-Portfolios sollte zudem folgende Komponenten nach Hornung-Prähauser besitzen:

- Einen ubiquitären zugänglichen Datenspeicher, der das Sammeln unterschiedlicher Formate und Dateien zulässt
- Ein Interaktions- und Kommunikationsmedium, um innerhalb von Lernprozesses kooperativ arbeiten zu können (Social Media)
- Strukturierungsfunktionen, die bei der Zusammenstellung der Materialien zielgerichtet helfen, Gedanken und Informationen zu ordnen
- Eine Präsentationsfunktion, um das jeweilige Portfolio über das Internet veröffentlichen zu können
- Die uneingeschränkte Verfügungsgewalt des Inhabers über das erstellte Portfolio, inklusive der Verteilung von Zugriffsrechten

- Ein persönlicher Online-Arbeitsbereich, in dem der User problemlos textbasierte Informationen, digitale Bilder, Videos erstellen und veröffentlichen kann (vgl. Hornung-Prähauser et al., 2007; zitiert nach Thomas (2014), 164)

Weiterhin müssen Speicherort sowie die Ordnerstruktur der digitalisierten Dokumente definiert sowie verortet werden. Datenschutz spielt weiterhin eine primäre Rolle Im „online" Umfeld ist dieses Thema sensibel zu betrachten. Damit einhergehend müssen Verfügungsrechte des finalen E-Portfolios klar definiert werden. Bezogen auf den Lernprozess müssen Formen und Reichweite der Interaktion mit anderen Lernenden geklärt werden und technische Möglichkeiten (Chat, Foren, Blogs) der digitalen Umgebung geprüft sowie auf ihre Funktionen und Lernpotentiale hin betrachtet werden. (vgl. Fink 2010, 59)

3.2 Inhaltliche Anforderungen an ein E-Portfolio

Die Komponenten eines E-Portfolios unterscheiden sich nicht grundsätzlich von denen eines klassischen Portfolios.

Im Vorfeld der Portfolioerstellung, müssen eingehend gemeinschaftlich Sinn und Zweck des Portfolios sowie die Anforderung an dieses definiert werden. Des Weiteren ist der zeitliche Kontext zu klären, den die Schüler für das zu erstellende Portfolio zur Verfügung gestellt bekommen sowie die Klärung der Einsichts- und Verfügbarkeitsrechte. (vgl. Häcker (2005a), 15) Dabei soll jederzeit eine transparente Wirkung erzielt werden, um den Rahmen der selbstgesteuerten Arbeit abzustecken. Bei der Themenstellung- und -auswahl ist ebenso eine lehrplanorientierte Richtung des Lehrers von Bedeutung. Die Beurteilungskriterien sind im Vorfeld gemeinsam mit den Lernenden zu bearbeiten. Gemeinsame Ziele und Kriterien sollen demnach definiert und formuliert werden, um den Lernenden eine Orientierung und ein Kontrollinstrument zu bieten, um ihre Auswahlentscheidungen zu unterstützen und sich im Entwicklungsprozess wiederzufinden. Lehrende sowie Lernende müssen sich vergegenwärtigen, dass beide ein wichtiger Bestandteil des Portfolios sind. Bewertungskriterien, Zielvorstellungen und Abläufe sollten gemeinsam entwickelt und definiert werden. Vorkenntnisse angesichts der Portfolioarbeit müssen eruiert und der methodische Einsatz erprobt werden, um diesen kontinuierlich einsetzen zu können. Weiterhin stellt sich die Frage, welche Art von Portfolio zum Einsatz kommen soll. (vgl. Reich (2003), 8ff.)

SuS fügen ihre Materialien (Texte, Bilder, Aufgaben, Videos, etc.) der Arbeitsmappe hinzu. Dies können zum einen projektbezogene Materialien, zum anderen aber auch eigene Leistungen und Arbeiten sein. Was zusammengestellt wird, richtet sich in der Regel danach, welche Art von Portfolioarbeit verfolgt wird und in wie weit die Materialen dem Schüler bei der Erreichung des Lernziels helfen können. Die Sammlung soll demnach als Ausgangspunkt und Informationsquelle für die weitere Bearbeitung des Portfolios dienen. Zudem soll vom Lernenden dokumentiert werden, warum welche Materialen hinzugezogen oder herausgenommen wurden. (vgl. Häcker 2005a, 16)SuS wählen die Materialien aus, die nach ihrer Ansicht, Bestandteil des zu präsentierenden Portfolios sein sollen und ihnen zur Weiterverarbeitung speziell helfen können. Dabei müssen die Lernenden dokumentieren, aus welchen Beweggründen sie sich für die jeweilige Auswahl entschieden haben. SuS sollen sich mit den erbrachten Leistungen und Erfahrungen auseinandersetzen, Lernzuwächse und Erkenntnisse beschreiben und auftretende Schwierigkeiten festhalten. Je nach Zielniveau können auch Leitfragen ausgehend von den Lehrfragen zur Verfügung gestellt werden, um einen reflexiven Prozess manuell herleiten zu können. Anschließend wird der Lernende zudem dazu aufgefordert, seine Arbeit bezogen auf die individuelle Qualität hin zu beurteilen. Selbstbeurteilung soll hier dem Lernenden eine Selbstorientierung und das selbstgesteuerte Lernen ermöglichen. (vgl. Häcker 2005b, 6)

Durch ein erstelltes Vor- und Nachwort kann der Lernende seine Ergebnisse auf die anfänglichen Ziele rekurrieren, kontrollieren und auswerten. (vgl. Häcker 2005b, 6) Hierbei soll der Lernende ein Verständnis dafür entwickeln, wie er bei zukünftigen Projekten Verbesserungen und gemachte Erfahrungen hinsichtlich seines methodisches Vorgehens und Strategie zu implementieren. (vgl. Häcker 2005a, 16)

Der Portfolioersteller zieht in seinem „Nachwort" Konsequenzen aus seinen gewonnen Einsichten, seines eigenen Lernens und den Bedingungen unter dem sich der Lernprozess vollzog. Ziel dabei soll es sein, weitere Perspektiven für das zukünftige Lernen zu entwickeln und hinreichende Veränderungen des Lernarrangements einfordern. (vgl. Rihm, 2004; zitiert nach Häcker (2005a), 16)

Mitschüler, in Form eines Gruppenfeedbacks, oder auch eine individuelle Beurteilung durch den Lehrer begutachten das Produkt. Dies kann beispielsweise schriftlich durch Feedbackbögen oder in Form eines konstruktiven Gesprächs geschehen. Erst durch seine Präsentation kann das Portfolio veröffentlicht werden. Die Präsentation ist nicht auf den Zeitpunkt der Fertigstellung begrenzt, sondern kann während des Portfolioprozesses immer wieder Grundlage für weitere Austauschgelegenheiten sein. (vgl. Häcker 2005a, 16)

4 SuS im Bildungsgang Ausbildungsvorbereitung als Zielgruppe der E-Portfolioarbeit

Im vorherigen Kapitel fand der Begriff „Portfolioarbeit" seine Definition. Darüber hinaus wurde auch das E-Portfolio als digitale Variante beschrieben. Im weiteren Verlauf dieser Arbeit wird untersucht, inwiefern sich E-Portfolios für SuS im Bildungsgang Ausbildungsvorbereitung als Zielgruppe eignen. Vor diesem Hintergrund folgt eine Beschreibung diese Zielgruppe, d.h. der Bildungsgang und seine Teilnehmer finden in diesem Kapitel nähere Erläuterung.

Seit der Neuordnung der Ausbildungs- und Prüfungsordnung Berufskolleg (APO-BK) integriert der Bildungsgang der Ausbildungsvorbereitung (Abschnitt 3 APO-BK Anlage A §§ 18-23), die Klassen für Schüler/innen ohne Berufsausbildung (KSoB) sowie des Berufsorientierungsjahres. Die Bildungsgänge der Ausbildungsvorbereitung stellen einjährige Bildungsgänge für berufsschulpflichtige SuS dar. Diese Bildungsgänge sind jeweils in eine Teilzeitform und eine Vollzeitform unterteilt.

Die Teilzeitform bildet eine Maßnahme für SuS mit sozialversicherungspflichtigen Arbeitsverhältnissen sowie einer beruflicher Orientierung und Vorbereitung auf eine Berufsausbildung. Hierbei finden sich zudem diverse Angebote der Arbeitsagentur für Arbeit, wie beispielsweise ausbildungsvorbereitende Bildungsmaßnahmen, als auch die Einstiegsqualifizierung und das Werkstattjahr wieder.

Die Vollzeitform hingegen ist eine Form des schulischen Unterrichts und einem schulisch begleitenden Praktikum zur Vorbereitung auf eine Berufsausbildung. Hierzu gehören die vollzeitschulischen KSoB sowie das Berufsorientierungsjahr. Weiterhin gliedern sich die Bildungsgänge der Ausbildungsvorbereitung in diverse Fachbereiche, wie beispielsweise Agrarwirtschaft, Ernährungs- und Hauswirtschaft, Informatik, Technik/Naturwissenschaften, Gestaltung oder Wirtschaft und Verwaltung. (vgl. www.berufsorientierung-rek.de (2015))

4.1 Curricularer Erwartungshorizont und Voraussetzungen

Die Bildungsgänge der Ausbildungsvorbereitung sollen den Lernenden die Bewältigung des Überganges von der Schule in die berufliche Welt erleichtern und ihnen zudem neue Chancen und Möglichkeiten hinsichtlich des Arbeitsmarktes eröffnen. Durch die Vermittlung beruflicher Kenntnisse, Fähigkeiten und Fertigkeiten und beruflicher Orientierung sollen SuS umfassende Kompetenzen für die

Aufnahme einer beruflichen Erstausbildung oder einer Erwerbstätigkeit angeeignet werden. Das Abschlusszeugnis soll weiterhin den Besuch der Berufsfachschule ermöglichen. (vgl. Schulministerium NRW (2015), 8)

Ziel sei es, die SuS so zu fördern, dass eine schrittweise Selbständigkeit in beruflichen, gesellschaftlichen und privaten Bereichen möglich ist. Jugendliche und Heranwachsende sollen so lernen, eigene Verantwortungen am Geschehen auf dem Ausbildungs-, Bildungs- und Arbeitsmarkt zu übernehmen und sich aktiv zu beteiligen. Weiterhin sei es von Bedeutsamkeit, berufsbezogene Qualifikationen in Verbindung mit allgemeinen Fähigkeiten und Verhaltensweisen zu vermitteln und das Selbstbewusstsein (Ich-Stärke) und die personale Stabilität zu stärken. SuS sollen sich in die Strukturen und Entwicklungstendenzen des Arbeitsmarktes einfühlen können, um damit erkennen zu können, dass ihre berufliche Entwicklung nicht immer optimal verlaufen könne, sondern auch Rückschläge sowie Brüche eintreten können, welche individuell verarbeitet und überwunden werden müssen. (vgl. Schulministerium NRW (2015b), 8f.)

Ferner sollen berufsfeldtypische Aufgaben beschrieben, erkannt sowie auf die eigene Berufswahl hin angewendet werden können. Berufsfelder sollen von den SuS abgegrenzt werden können und zu berufsfeldtypischen Aufgaben sollen eigenständig sowie in Teamarbeit Lösungsstrategien entwickelt werden. Eigene Arbeitsergebnisse sollen durch den SuS beurteilt und eigenständig reflektiert werden. Darüber hinaus sollen die eigenen Grenzen sowie die Leistungsfähigkeit hinsichtlich betrieblicher Aufgaben und individuellen Fähigkeiten erkannt und gefördert werden. Regionale, unternehmerische und arbeitsmarktbezogene Strukturen und Kenntnisse sollen den SuS vermittelt werden. Auch gehören die Entwicklung einer eigenen verantwortungsvollen Perspektive hinsichtlich einer Teilnahme an öffentlichen, gesellschaftlichen und politischen Angelegenheiten und des lebenslangen Lernens zur Vermittlung des Wissens. Die Ziele und Inhalte der Unterrichtsfächer werden in der Bildungsgangplanung des jeweiligen Berufskollegs konkretisiert und ausgearbeitet.

Ein integrativer Bestandteil der Bildungsgänge sei zudem die kontinuierliche Beratung von SuS. Diese sollen nach ihren jeweiligen Neigungen, Interessen, Fähigkeiten, Zielen sowie Perspektiven hin beraten werden und eine positive Unterstützung und Hilfe angesichts ihrer Berufswahl erhalten. Diese sollen kontinuierlich angeboten werden. Schon im Vorfeld sollten beratende Gespräche stattfinden, um beispielsweise Lernvoraussetzungen und Vorkenntnisse zu exponieren, anderseits aber auch während des vollständigen Lernprozesses der SuS beratend unterstützen. Als Grundlage für weitere Beratungsgespräche könnten die Dokumentationen der individuellen Entwicklungs- und Lernprozesse der SuS herangezogen werden, um damit seitens der Lehrkräfte und Institutionen Entscheidungen in der Einarbeitungsphase für individuelle Bildungswege oder wegweisende Abschlussgespräche zu untermauern. (vgl. Schulministerium NRW (2015b), 8f.)

Eine weitere Herausforderung stellen dabei die vorzufindenden Lerngruppen dar. Die vieldimensionale Heterogenität (sozial, kognitiv, motivational) müssen täglich von Lehrkräften bewältigt werden. Diese Aufgaben der Lehrkräfte müssen den immensen individuellen und unterschiedlichen Förderbedarf der SuS gerecht werden. (vgl. Baethge & Baethge-Kinsky (2012), 38) Individuelle Förderbedürfnisse müssen demnach erkannt, berücksichtigt und differenziert werden. So werden individuelle Lernvoraussetzungen und Verhaltensdispositionen der SuS von Lehrkräften als einer der zentralen Herausforderungen für die methodische und didaktische Gestaltung des Unterrichts verstanden. (vgl. Baethge & Baethge-Kinsky (2012), 54) SuS sollen in eine Form einer strukturierten Lernwelt eingefügt und zudem eine gemeinsame Kommunikationsbasis geschaffen werden. (vgl. Baethge & Baethge-Kinsky (2012), 36) Somit kann eine Basis für einen konfliktarmen und störungsfreien Unterricht erzeugt werden. Kommunikationsregeln und -werte müssen demnach erst entwickelt und vermittelt werden. SuS dieser Bildungsgänge soll es ermöglicht werden, eine realistische Einschätzung über ihre individuelle Situation, ihres eigenes Selbstwertes und Grundhaltung sowie ihre Stärken und Schwächen zu geben. Alternative und vielseitige Perspektiven sollen ihnen dabei aufgezeigt werden, um eine erfolgreiche und kompetenz- und stärkenorientierte berufliche Entwicklung zu ermöglichen.

4.2 Lebenswelt und Lernvoraussetzungen der Zielgruppe

Die Lebenssituationen und Lernvoraussetzungen der Bildungsgänge in der Ausbildungsvorbereitung weisen einen speziellen Charakter auf.

Die SuS befinden zumeist beim Eintritt in diese Bildungsgänge – aufgrund ihrer vielseitigen Defizite – in einer besonderen Bedarfslage. Ein individueller Förderungscharakter soll dabei helfen, diese Defizite abzubauen und individuelle Potentiale aufzudecken. Jugendliche, die nicht unmittelbar nach der Schule in eine Ausbildung des dualen Berufssystems einmünden oder nur zeitlich begrenzt und ebenso einen gezielten Förderbedarf hinsichtlich einer Vorbereitung oder Hinführung einer Berufsausbildung vorweisen, sind die Zielgruppe der Bildungsgänge der Ausbildungsvorbereitung. (vgl. BIBB (2012a)

Es handelt demnach oftmals um benachteiligte oder mit besonderem Förderbedarf zu charakterisierende SuS, bei denen Schwierigkeiten während des Übergangs von der Schule zur Berufsbildung oder in der Erwerbstätigkeit aufgetreten sind, beziehungsweise SuS, die individuelle oder gesellschaftliche Nachteile in Form von Handicaps oder sozialen/strukturellen Tatbeständen aufweisen. (vgl. BIBB (2009)) Die Benachteiligungen dieser Jugendlichen ergeben sich zumal aus den äußeren Rahmenbedingungen und individuellen Voraussetzungen. (vgl. BMBF (2005), 12)

Soziale Hintergründe (soziale Herkunft, schulische Vorbildung, Geschlecht oder Migrationshintergrund), Lernbeeinträchtigungen hinsichtlich kognitiven Lernvoraussetzungen und Verhaltensauffälligkeiten sowie Marktbenachteiligungen, die sich aus der Struktur des Berufsbildungs- und Beschäftigungssystems ergeben, können hier Formen der Benachteiligung darstellen. (vgl. BMBF (2005), 12ff.)

Die verschiedenartigen Probleme sowie die individuellen Lern- und Lebenssituationen der SuS sind zumeist multifaktoriell bedingt. Dies bedeutet, die SuS weisen oftmals nicht nur ein Defizit auf, sondern treten in kumulierter Form auf. Diese könnten sich in den folgenden Kompetenzen wieder finden:

4.2.1 Fehlende berufliche Orientierung

SuS können ihre Stärken und Schwächen – bezogen auf ihre Leistungsfähigkeit – nur schwer selber einschätzen und neigen so auch oftmals zu Selbst-Überschätzungen. Die Fähigkeit der Selbstreflexion – bezogen auf bisher erbrachte Leistungen und Fähigkeiten sowie ihrer eigenen Stärken und Schwächen – ist nur begrenzt vorhanden. Dies spiegelt sich daran wider, dass viele SuS unrealistische Wünsche bezogen auf eine Ausbildungs- oder Erwerbsstelle vorweisen und dadurch kaum realistische berufliche Orientierung haben. Die Wünsche sind meist kaum vereinbar mit den individuellen vorzuweisenden Bildungsbiographien. Demnach können die SuS ihre jeweiligen Eingliederungs- und Bewerbungschancen nicht realistisch einschätzen und für sich passende Alternativen auf den Ausbildungs- und Arbeitsmärkten herausarbeiten. (vgl. Casper-Kroll (2011), 65)

Mangelnde Kenntnisse und verschobene Vorstellungen über Strukturen und Funktionen des Ausbildungs- und Arbeitsmarktes können Grund für eine solche Ausgangslage sein. Die SuS haben oftmals bereits bewusste emotionale Erfahrungen mit dem Arbeits- und Ausbildungsmarkt gemacht, welche zu Frustration, Depressionen, mangelndem Selbstbewusstsein oder Gefühlen der Hilflosigkeit führen können. SuS können demnach bereits ein Gefühl des Scheiterns durch diverse

Rückschläge erlebt haben, so dass diese bereits eine Scheu entwickelt haben, sich beruflich zu orientieren, und diese könnte wohlmöglich bereits zu einer Gleichgültigkeit oder Selbstaufgabe geführt haben. (vgl. Frehe & Kremer (2014), 5) Meist gestaltet sich der Besuch der SuS in diesen Bildungsgängen und dem Besuch der Übergangsmaßnahme in der Regel als eine Art „second-best" Lösung als Alternative zur Ausbildung. SuS beenden meist diese Maßnahme nicht regulär oder verfallen, wie bereits beschrieben, in eine Ablehnungshaltung und Desinteresse. (vgl. Baethge & Baethge-Kinsky (2012), 31) Fehlende Lern- und Beteiligungsmotivation, Schulmüdigkeit oder psychosoziale Einschränkungen können ebenso charakteristische Beschreibungen der SuS sein. Dadurch werden viele SuS oft verhaltensauffällig, bilden Aggressionen oder bauen eine „Schutzmauer" um sich auf. Teilweise werden diese als intelligent beschrieben, jedoch sei aufgrund negativer gemachter Erfahrungen eine Demotivation hinsichtlich Lern- und Motivationsprozessen entstanden. (vgl. Baethge & Baethge-Kinsky (2012), 37) Die damit verbundenen Fehlzeiten während der schulischen allgemeinen Bildung stellen ebenso ein allgegenwärtiges Problem dar, (vgl. Casper-Kroll (2011), 71) welches charakterliche Züge der Unpünktlichkeit und Unzuverlässigkeit aufweist.

Die Bereitschaft und Befähigung der Jugendlichen, individuelle Entwicklungschancen, Anforderungen und Einschränkungen in Familie, Beruf und öffentlichem Leben zu klären, zu durchdenken und zu beurteilen sowie eigene Begabungen zu entfalten, Lebenspläne zu entwickeln und diese weiterzuleben können auch hier defizitär ausgeprägt sein. SuS könnten sich daher nur beschränkt mit Kritik oder mit dem Status ihres Selbstwertgefühls auseinandergesetzt haben. Auch die individuelle Auseinandersetzung hinsichtlich ihres Verantwortungs- und Pflichtbewusstseins kann nicht als gegeben betrachtet werden. (vgl. Sekretariat der Kultusministerkonferenz (2007), 11)

4.2.2 Fehlende Sozialkompetenz

Einige SuS bringen Defizite hinsichtlich sozialer Rahmenbedingungen und gesellschaftlicher Rollenanforderungen mit. Die Teilhabe am gesellschaftlichen, sozialen, politischen und beruflichen Leben blieb ihnen bislang teilweise bis ganz verwehrt. Soziale sowie gesellschaftliche Normen und Werte und unbekannte Rollenanforderungen in der beruflichen Welt sind vielen SuS neu. Es besteht Bedarf hinsichtlich einer schrittweisen Anpassung. Sozialverhalten muss generiert, ausprobiert und geübt werden. Eigene Vorstellungen, Ziele und Erwartungen sind aktiv in die eigene Rollengestaltung zu integrieren und in die Kommunikation mit einzubringen. (vgl. Casper-Kroll (2011), 40ff.)

Die soziale Herkunft spielt dabei eine große Rolle. Viele SuS ohne Berufsabschluss stammen aus zerrütteten sozialen Verhältnissen. Familiäre Probleme, Verlust von Elternteilen, Arbeitslosigkeit, Gewalt bis hin zu Sucht- oder Kriminalitätshintergründen können die Spannweite der Problemdichte ausmachen. Auch Migrationshintergründe spielen hier eine große Rolle. Jugendliche verschiedenartiger ethnischer Herkunft sind integrativer Bestandteil der Lerngruppen in den Bildungsgängen der Ausbildungsvorbereitung.

Berücksichtigt werden müssen multikulturelle Lebens-, Lern- und Arbeitswelten, damit arbeitsmarktbezogene und soziale Integration von SuS mit und ohne Migrationsintergrund erreicht werden können. Die soziale sowie ethnische Herkunft kann sich somit auf Sprache, Normen, Verhaltensweisen, Lebensstile und individuelle Bildungsverläufe auswirken. Sie haben erheblichen Einfluss auf die Berufsorientierung und die generelle Herangehensweise an die Ausbildungsplatzsuche. Darüber hinaus könnten SuS schon vom Elternhaus eine gewisse Bildungsferne haben oder eine geringere Aufmerksamkeit genossen haben. Alltägliche Abläufe und Wertevorgaben werden diesen Jugendlichen von Haus aus nicht vermittelt, was zu diversen sozialen und persönlichen Defiziten führen kann. (vgl. BMBF 2005, 15ff.)

SuS in diesen Bildungsgängen können demnach Defizite hinsichtlich des Lebens und Gestaltens sozialer Beziehungen aufweisen. Andere Individuen zu verstehen, zu respektieren und sich mit diesen verantwortungsbewusst auseinander zu setzten, können hierbei fehlende Grundkenntnisse sein. Kommunikative Kompetenz, um Bedürfnisse und Absichten des Anderen zu erkennen, verstehen und zu bewerten, könnten ebenso defizitär veranlagt sein. (vgl. Sekretariat der Kultusministerkonferenz (2007), 11)

4.2.3 Fehlende Fach- und Methodenkompetenz

Ein großes Defizit bilden die Basiskompetenzen. Mit Basiskompetenzen sind beispielsweise Lernrückstände (fachliches Wissen) gemeint, die der Schüler beim Eintritt in den Bildungsgang vorweist. Diese Rückstände seien aufgrund von bildungsbiographischen Merkmalen in Form von Klassenwiederholungen, der Art der Abgangsklasse sowie der gehäuften formellen schulischen Erfolglosigkeit geprägt. Fehlende Basiskompetenzen können sich zudem in sprachlichen Barrieren bei SuS mit Migrationshintergründen, fehlende Kenntnisse in grundlegenden Fächern wie Deutsch und Mathematik, Konzentrationsschwächen oder der geistigen Kompetenz des „Lernens" äußern. (vgl. Zoyke (2012), 285ff.)

Erhebliche Defizite sind auch bei der schriftlichen und mündlichen Kommunikation zu beobachten, so dass SuS Schwierigkeiten hinsichtlich der Schilderung und Beschreibung von einfachen Vorgängen aufweisen können. (vgl. BMBF 2005, 13) Kognitive Defizite können sogar soweit ausgeprägt sein, dass SuS nicht mehr beschulbar seien und eine gesonderte pädagogische Förderung erwägenswert sei. (vgl. Baethge & Baethge-Kinsky (2012), 36)

Die Bereitschaft und Befähigung, auf Grundlage fachlichen Wissens und Könnens, Aufgaben sowie Probleme zielorientiert, sachgerecht, methodengeleitet und selbstständig zu lösen und das Ergebnis zu beurteilen, kann somit ein zielgerichtetes und planmäßiges Vorgehen bei der Bearbeitung von Aufgaben und Problemsituationen hemmen. (vgl. Sekretariat der Kultusministerkonferenz (2007), 11)

Begrenzte kognitive Eigenschaften, fachliches Wissen hinsichtlich beruflicher sowie schulischer Sachverhalte und allgemeine methodische Vorgehensweisen, beispielsweise zur Reflexion von eigenen Potentialen, Bearbeitung von Aufgaben oder bei grundlegenden Lernprozessen, müssen bei der Zielgruppe als defizitär betrachtet und daher als Herausforderung angesehen werden.

5 Chancen & Grenzen von E-Portfolios in Bezug auf die Zielgruppe

Die E-Portfolioarbeit bietet einige wichtige Chancen in Bezug auf die SuS im Bildungsgang Ausbildungsvorbereitung. Allerdings kennt sie auch Grenzen. Zunächst widmet sich diese Arbeit den vielfältigen Chancen.

5.1 Chancen

5.1.1 Elektronische Potenziale

Die elektronische Umsetzung bietet eine Vielzahl von digitalen Möglichkeiten, die in die Portfolioarbeit implementiert werden können. Digitale Medien generieren neue Wege, um Lernumgebungen, Lernprozesse oder ganze Lehr-/Lernarrangements zu gestalten. Im digitalen und technischen Wandel sind Jugendliche immer technikaffiner und verbringen den größten Teil ihrer Freizeit mit digitalen Medien. Blogs, Chats, Foren oder auch das Teilen (Sharen) von Lebenssituationen in sozialen Netzwerken gehören mittlerweile zum Alltag der meisten Schüler. Die elektronische Portfolioarbeit greift diese Möglichkeiten auf und setzt sie in ihren Systemen um. Der Einsatz digitaler Medien und die Überführung des Lernens in eine elektronische Lernumgebung können ein höheres Motivationspotenzial generieren und somit aufgrund der technischen und medialen Affinität und Identifikation mit digitalen Medien sowie Lebensräumen (z.B. Facebook etc.) die Erreichbarkeit der Schüler erleichtern. Praktische Erfahrungen können in die elektronische Lernumgebung eingepflegt und als Entscheidungsgrundlage für mögliche berufliche Perspektiven herangezogen werden. Dies können beispielsweise Videos zu Betriebsbesichtigungen, geführte Interviews innerhalb des Praktikums oder auch abgefilmte Arbeitsprozesse sein.

Elektronische Portfolios können durch ihre Anwendung von digitalen Medien unterschiedliche Potenziale generieren. Durch einen digitalen Speicherplatz ist es möglich, Informationen und Inhalte unterschiedlichster Form verfügbar zu machen oder durch die SuS zu generieren. So können, innerhalb der internetgestützten Portfolios, Webbrowser aufgerufen werden, die die Informationsrecherchen für SuS erleichtern und verknüpfbar machen lassen. (Erpenbeck & Sauter, 2007; zitiert nach Staden & Howe (2013), 5) Auch spezielle Internetquellen könnten hier durch die Lehrkraft gezielt zur Verfügung gestellt werden, um Recherchevorgänge unterstützen zu können.

Inhalte können durch den Einsatz von digitalen Medien ebenfalls visualisiert, animiert oder simuliert werden. Hierbei können Schüler beispielsweise Situationen aus der Berufs- und Arbeitswelt authentischer erleben. Zudem können Arbeits- und Geschäftsprozesse in Echtzeit erlebbar gemacht und praktisch visualisiert werden. Dies ist bei papiergebundenen Versionen schwerer erlebbar, da Texte und Bilder kein reales Erlebnis erzeugen können. (vgl. Herzig & Grafe, 2006; zitiert nach Staden & Howe (2013), 6) Auch Animationen können eingebunden werden, die Lerngegenstände in reduzierter Form abbilden, um die Verinnerlichung des jeweiligen Lerngegenstands durch den SuS zu fördern. Auch internetbasierte Simulationen (auch in spielerischer Art durch Lernspiele) sind vorstellbar und könnten in Portfolios integriert werden, um komplexe Lerngegenstände direkt erfahrbar zu machen und in spielerisch erlebbarer Form zu erlernen. Zudem bieten die elektronischen Varianten zusätzlich Bearbeitungsfunktionen. Portfolioinhalte können nochmals bearbeitet werden, nachdem diese reflektiert wurden. Elektronische Bearbeitungsfunktionen erleichtern dies und haben zudem die Möglichkeit, Lernentwicklungen als Reflexionsgrundlage auszuwerten beziehungsweise vereinfacht grafisch darzustellen. (vgl. Staden & Howe (2013), 12f.)

Kommunikationsprozesse und Kooperationen können durch digitale Medien dargestellt und gefördert werden. Lernen soll auch hier nicht nur isoliert, sondern in sozialen, kulturellen als auch gesellschaftlichen Kontexten eingebettet werden. (vgl. Kopp & Mandl, 2011; zitiert nach Staden & Howe (2013), 7) E-Portfolios bieten die Möglichkeit, Formen der asynchronen und synchronen Kommunikation einzubinden. Formen der asynchronen Kommunikation wären hierbei Foren, Wikis oder Blogs. Foren bieten Schülern eine Plattform zum Gedankenaustausch über bestimmte Themen oder Problemen. Diese können sich in dieser Umgebung austauchen, unterstützen oder über bestimmte Themen diskutieren. Wikis bieten hingegen einen Speicherort, an dem bestimmte Einträge hinsichtlich berufsbezogener oder orientierender Themen durch die SuS erstellt und gemeinschaftlich bearbeitet werden (Vergleich Wikipedia) können. Dadurch können Prozesse der dynamischen und kooperativen Wissensgenerierung erzeugt werden. (vgl. Arnold et al., 2011; zitiert nach Staden & Howe (2013), 7) Blogs können beispielsweise als Lernjournale definiert werden, indem SuS Lernprozesse oder Praktika schriftlich dokumentieren, mit Mitschülern teilen und gegebenenfalls beurteilen und kommentieren lassen können.

Außerdem sind synchrone Formen der Kommunikation vorstellbar. Dies kann zum Beispiel durch die Implementierung durch Chats gelingen. SuS können dadurch direkten Kontakt zu Schülern oder Lehrkräften aufnehmen.

Beim Einsatz dieser Beispiele können berufsrelevante oder orientierende Informationen untereinander ausgetauscht werden, Diskussionen angeregt und individuelle Inhalte veröffentlicht, kommentiert und beurteilt werden. Dies könnte bei den Schülern zu einem Prozess führen, der die kommunikative sowie die soziale Kompetenz erlebbar macht und stärken lässt. Durch die Nutzung der digitalen Möglichkeiten können Kompetenzen neu erlebbar, gefördert und gestärkt werden. Diese bieten neue Möglichkeiten, komplexe Prozesse zu reduzieren, real zu visualisieren und erlebbar zu machen. Dies könnte einen positiven Einfluss auf die Motivation der SuS haben und den Unterricht vielseitiger und Interessanter gestalten.

Systematisierungs- und Strukturierungsprozesse werden durch die programmierten E-Portfoliokonzepte erleichtert und vorgelebt. Materialien können kontextbezogen bestimmten Elementen/Ordnern zugeordnet und in der digitalen Datenbank abgelegt werden. Es besteht zudem die Möglichkeit, die jeweiligen zugefügten Materialien mit eigenen Schlagwörtern zu verbinden, um auf diese auch zu einem späteren Zeitpunkt zugreifen zu können. Dies impliziert einen interaktiven sowie selbstorganisierenden Prozess, den sich SuS während der Arbeit mit dem E-Portfolio aneignen können (vgl. Niegemann, 2011; zitiert nach Staden & Howe (2013), 9)

Damit könnten sie Vorteile einer strukturierten Arbeit reflektieren, um somit ihr eigenes System aufzubauen.

„Drag and Drop"-Funktionen sowie Strukturierungsfunktionen (Löschen, Erstellen, Bearbeiten) können hierbei die Arbeit erleichtern und verhindern, anders als in der papiergebundenen Version, einen zusätzlichen organisatorischen und zeitlichen Aufwand. Ein weiterer Vorteil hierbei ist, dass SuS Materialien in vielfältiger Form selbstständig anlegen können. Dateien in Form von Bildern, Videos oder Audiodateien können so mühelos eingefügt werden. Je nach Lerntyp können eigene Verfahren und Medien zur Dokumentation entwickelt werden.

Die Einbindung diagnostischer Elemente in Form von Tests oder E-Assessments sind auf elektronischer Ebene auch möglich. Feedbacks, Meinungsumfragen oder Wissenstests könnten darüber hinaus implementiert werden. Bereits bestehende, internetbasierte Testverfahren zur Bewertung von Leistungen können so verlinkt und nutzbar gemacht werden. Meiner Meinung nach bieten sich diagnostische Elemente bei der benannten Zielgruppe der Bildungsgänge der Ausbildungsvorbereitung nicht an, da dies zu defizitorientierten Bewertungen führen könnte. E-

Portfolios sollen eine Alternative zu diagnostischen Lernleistungsbewertungsverfahren bieten. E-Portfolios sollen speziell für diese Zielgruppe die individuellen Stärken darstellen. Natürlich können Berufseignungs- oder Berufsorientierungstest mit eingebunden werden und in die jeweiligen Portfolios als Artefakt eingepflegt werden, um zusätzliche Materialien für die Selbst- und Fremdbeurteilung zu ermöglichen. Lehrer und SuS können zudem Evaluationsverfahren einbinden, um auch eine einfachere Auswertung durch technische Hilfsmittel erleichtern zu können.

Eine weitere Möglichkeit bilden digitale Medien für die Unterstützung der Reflexionsprozesse. Durch die digitale Datenbank können den SuS beispielsweise Selbsteinschätzungsbögen, Leitfragen oder Einordnungsbögen (zur Selbsteinschätzung) zur Verfügung gestellt werden. Dies könnte auch je nach Zielgruppe flexibel angepasst werden oder in reduzierter und anleitender Form passieren. Auch eben angeführte Möglichkeiten der Blogfunktionen oder die Erstellung von Beschreibungen eigener Lernzuwächse in Form von Einträgen könnten die eigenen Lernprozesse für die SuS reflektier- und visualisierbar machen lassen. Diese Einträge könnten sie nach ihrem eigenen Ermessen veröffentlichen, was diese durch Mitschüler oder Lehrkräfte einsehbar als auch bewertbar machen lässt. Diese Form der digitalen Fremdeinschätzung könnten SuS dann für sich individuell Nutzen, um ihre Selbsteinschätzungen mit den Fremdeinschätzungen zu vergleichen. Die Möglichkeit technischer Implikationen in E-Portfolios könnten zudem Selbst- und Fremdeinschätzungen erkennen lassen, diese errechnen und in Form einer „Kompetenz-Landkarte" grafisch darstellen lassen, die zukünftige und derzeitige Entwicklungsschritte einsehbar machen können. (Staden & Howe (2013), 12f.)

SuS erhalten die alleinigen Verfügungsrechte über ihre gesammelten Dokumente und entscheiden selbst über die Veröffentlichungen dieser. Zugriffsrechte können demnach verteilt werden. Hinsichtlich der Beratungs- und Entwicklungsgespräche ist es jedoch von Vorteil, Lehrkräften einen Lesezugriff auf die gesammelten Leistungen anzubieten. Zusätzlich bietet die Dokumentationsstruktur zusätzliche Leistungsnachweise aus praktischen Erfahrungen zu implementieren.

Es gibt auch die Möglichkeit, verschiedenartige Lerntypen anzusprechen, indem Materialien (Bögen etc.), die durch die Lehrkraft oder durch das jeweilige Konzept konzipiert wurden, zur Verfügung gestellt werden. Zudem könnten verschiedene Lerntypen gezielt angesprochen und zum Lernen und Reflektieren motiviert sowie angeleitet werden. Materialien, die durch die SuS zu bearbeiten sind, können in verschiedenster Form konzipiert und eingepflegt werden.

Auch Einzel- oder Beratungsgespräche können innerhalb der Systeme technisch umgesetzt und zielgruppenorientiert programmiert werden. Je nach individuellen Vorstellungen und Wünschen können Beratungsgespräche persönlich stattfinden oder auf digitalem Kommunikationswege in Form eines Video- oder Audiochats durchgeführt werden. Meiner Ansicht nach könnte dies Schülern helfen, die im Klassenverbund eher zurückhaltend oder introvertierter sind. In Form von Chats oder Audioübertragungen könnten sie sich ein Stück Privatsphäre innehalten und so mehr aus sich herauskommen. Meiner Einschätzung nach sollte jedoch die Beratung weiterhin im „face to face"-Stil vollzogen werden, da dort eine wesentlich wertschätzendere, empathischere und ehrlichere Art dem Gegenüber zu Teil wird. Zudem könnte sich diese Form der Beratung authentischer auf die SuS auswirken.

Elektronische Assistenten in E-Portfoliosystemen können eingesetzt werden, um Hilfestellungen bei Anwendungs- oder Verfahrensschwierigkeiten bieten zu können. Diese kann in verschiedenartiger Form implementiert werden. Sowohl visuelle als auch textbasierte Formen finden ihre Anwendung, die je nach Zielgruppe aktiviert oder deaktiviert werden können. Dies könnte SuS unterstützen, die nicht direkt die Hilfe bei Lehrkräften oder Mitschülern suchen.

Eine weitere wichtige Implikation der elektronischen Lernumgebung ist die Wahl der Sprachfunktion. Besonders für SuS mit sprachlichen Schwierigkeiten kann man das E-Portfolio übersetzen lassen und dadurch an ihnen teilhaben. In welcher sprachlichen Breite dies anzubieten ist und welche Breite in bestehenden Konzepten bereits impliziert wurde, ist in der Literatur nicht belegt, jedoch sehe ich dies als wichtige Funktion an.

SuS mit sprachlichen Barrieren gehören zu der dargestellten Zielgruppe, denn oftmals mangelt die Mitarbeit an dieser Hürde. Auch SuS mit geringeren sprachlichen Kenntnissen könnten die Portfolioarbeit in für sich verständlicher Weise nachvollziehen und bearbeiten und zudem die Möglichkeit besitzen, ihre sprachliche Ausgabe mit der der Deutschen zu vergleichen. So könnte den SuS das Gefühl von Integration hinsichtlich des Unterrichtes geboten werden und zudem die Möglichkeit der sprachlichen Entwicklung durch den individuellen Vergleich der beiden Spracheinstellungen geschaffen werden. Ein weiterer wichtiger Aspekt führt auf die zentrale Verwaltung der Daten. Materialien können grundsätzlich nicht verloren gehen oder vernichtet werden. SuS verfügen demnach zu jederzeit über ihre Materialien und können somit kontinuierlich mit diesen Arbeiten auch wenn diese ihre Materialien „vergessen haben".

5.1.2 Chancen zur Reflexion und Kompetenzdarstellung

E-Portfolioarbeit stellt ein Reflexionsinstrument dar. Es ermöglicht SuS, Lernprozesse, Ergebnisse oder Lernentwicklungen individuell zu reflektieren. Weiterhin können diese als Orientierungshilfe bei der Systematisierung und Strukturierung vielseitiger Informationen dienen. Hierbei könnten Synergieeffekte entstehen, die auch die Strukturierung des privaten Lebens beeinflussen können. Dies kann sicherlich nicht in allen Fällen geschehen, aber in Kombination mit der Selbstreflexion könnte dies zu mindestens das Potenzial heben. Besonders informell erworbene Kompetenzen erweisen sich als eine wichtige Rolle, die die Lebenssituation der SuS aufgreifen kann. Aktivitäten und Tätigkeiten außerhalb des Lernortes Schule und des Betriebs könnten wertgeschätzt und in einen individuellen Zusammenhang mit individuellen Stärken und Zielen gebracht werden. Kompetenzbilanzierung ist hierbei das Stichwort. E-Portfolioarbeit kann den SuS in den Bildungsgängen der Ausbildungsvorbereitung einen niedrigschwelligen Einstieg in ihre Selbsterkundung bieten. Alle SuS könnten hierbei involviert werden, egal welche Lernvoraussetzungen und Lebensumstände dieser mitbringen.

E-Portfolioarbeit kann die Lebenswelten sowie die sozialen Umfelder aufgreifen und unter Anwendung der Selbstreflexionen unbewusste Stärken, Fähigkeiten, Persönlichkeitszüge oder Kompetenzen den Schülern vergegenwärtigen. Hierbei könnte dies ein Gefühl der Wertschätzung und der Anerkennung vermitteln, was neue Perspektiven und motivationale Prozesse positiv beeinflussen könnte. Ein stärkenorientierter Ansatz wird dabei verwendet, der die defizitären Entwicklungen und Kompetenzen der SuS außen vorlässt. Von Leistungsbewertungen und Beurteilungen in Form von Noten wird abgesehen, da dies einen defizitären Charakter aufweisen würde. Das Selbstwertgefühl sowie die Selbstwirksamkeit können dabei neu erfahren und gestärkt werden. Erfolgserlebnisse sind dabei schnell generierbar und könnten einen motivationalen Charakter erschaffen, der die SuS dazu befähigt, weitere Ziele zu planen und anzugehen.

Die Reflexion bietet den SuS somit eine Form der Standortbestimmung, mit der sie sich selbst erkunden und realistisch einschätzen können. Die Fremdbeurteilungen und Fremdreflexionen bieten zudem die Möglichkeit, das Selbstbild und die Selbstwahrnehmung in den sozialen Kontext zu stellen und bewerten zu lassen. Dies könnte darüber hinaus soziale Kompetenzen hinsichtlich der Kritikfähigkeit oder der Kommunikationsfähigkeit fördern. Die ständige Reflexion des Gelernten könnte zu eigenen Lernstrategien führen, an die die SuS schrittweise und unterstützend hingeführt werden. Ebenso erwerben die SuS Medienkompetenzen, die vor allem in gestaltungstechnischen, kaufmännischen oder technischen Berufen immer wichtiger werden. Selbst für erfolgreiche Bewerbungsverfahren werden heutzutage mediale Kompetenzen vorausgesetzt. Die E-Portfolioarbeit bietet hierbei auch eine Form der Potenzialanalyse an. Vor dem Hintergrund der Erstellung einer Lernumgebung und einer Realisierung der individuellen Förderung könnten Potenziale erkannt, aufgriffen und gefördert werden. Individuelle Ziele könnten in einem gewissen Rahmen vereinbart und durchgeführt werden.

5.1.3 Methodische Potenziale

Methodische Potenziale bietet die E-Portfolioarbeit in den zielgruppenorientierten Bildungsgängen. Selbstregulierendes Lernen und kooperative Bearbeitungs- und Feedbackformen sind grundsätzliche Bestandteile der E-Portfolioarbeit. Hinsichtlich sozialer und methodischer Kompetenzen weist die Zielgruppe Defizite auf. Durch die E-Portfolioarbeit könnten die SuS angeregt und motiviert werden, ihre Kompetenzen zu individualisieren sowie Aufgaben, Prozesse und persönliche Ziele selbstständig und eigenverantwortlich zu planen. Der Schüler steht hierbei im Mittelpunkt und erhält Verantwortung für sein eigenes Portfolio. Es ist sozusagen die eigene Chance, seine Stärken und seine Perspektiven eigenverantwortlich zu entwickeln. Durch die Auseinandersetzung mit den eigenen Stärken kann das Selbstwertgefühl aufgebaut und gestärkt werden, denn viele SuS sind sich ihrer eigenen Stärken nicht bewusst oder haben darüber ein verzerrtes und nicht der Wahrheit entsprechendes Selbstbild. Dieses Bild kann durch die Vergegenwärtigung der eigenen Stärken neu erschaffen und gestärkt werden.

SuS könnten so schrittweise auf dem Weg zu einem eigenverantwortlichen Lernen unterstützt werden. Durch die angeregten reflektieren Aspekte können schon kleinste Entwicklungsschritte festgehalten und vergegenwärtigt werden. Dazu könnte es schon schnell zu kleineren Erfolgserlebnissen kommen, die dann einen motivationalen Charakter aufweisen. Ein „roter Faden" ist in allen Konzepten erkennbar. Durch diesen arbeiten sich die SuS schrittweise durch. Dabei kann ihnen ein strukturierter und planmäßiger Prozess suggeriert und vermittelt werden. Im elektronischen Portfolio haben Lehrkräfte auch die Möglichkeit, die Bearbeitung der Elemente zu kontrollieren und zu leiten. Diese können gesperrt und erst freigegeben werden, wenn bestimmte Materialen bearbeitet wurden.

Zudem könnten Lehrkräfte die Elemente methodentechnisch frei gestalten und dabei auf eine Vielzahl von medialen Interaktionsmöglichkeiten zurückgreifen. Darüber hinaus haben SuS die Möglichkeit, ihre Leistungen durch ihre Mitschüler bewerten zu lassen. Leistungen und Einträge können durch Zugriffsrechte konkret geregelt werden. Diese kooperative Bewertungsform könnte die soziale Kompetenz der SuS fördern, andererseits aber auch die Qualität ihrer Arbeit steigern und weiterentwickeln. Diskussionen können angeregt werden und andere Perspektiven hinsichtlich strategischer Vorgehensweisen könnten aufgenommen, reflektiert und in das eigene Lernen überführt werden. Die Hinführung und die Eröffnung des selbstregulierenden Lernens können auch hier einen Einfluss auf die Strukturierung des alltäglichen Tagesablaufes haben. SuS könnten dazu befähigt werden Eigenverantwortung für ihr berufliches, soziales und privates Leben zu übernehmen. Die soziale Einbindung spielt eine wichtige Rolle. Individuelle Begleitungen bei der Aufgabenbearbeitung, sowie die Einbettung alltagsnaher und lebensweltbezogener Inhalte können zusätzlich motivierend wirken. (vgl. Haag & Streber, 136f.) Die Freiwilligkeit des Lernens soll dabei die Grundvoraussetzung sein.

5.1.4 Chancen für die berufliche Orientierung

Eine Unterstützung bei der beruflichen Orientierung sowie eine realistische und auf das individuelle Profil passende berufliche Perspektive kann durch die E-Portfolioarbeit vermittelt werden. Der Übergang zu einer konkreten Ausbildung kann dahingehend erleichtert werden, dass SuS durch die E-Portfolioarbeit auf den Bewerbungsprozess vorbereitet und im Vorfeld ihre inneren Stärken erfahren können. Diese können in einen Zusammenhang mit beruflichen Perspektiven und Wünschen gebracht werden und zu einem realistischen und passenden beruflichen Ziel führen.

Die Strukturierung und Systematisierung der Bewerbungsunterlagen und Kompetenzen können darüber hinaus unterstützt und schrittweise „professionalisiert" werden. SuS in diesen Bildungsgängen haben oftmals keine oder eine mäßige Schulbildung vorzuweisen. Ihre möglichen Bewerbungsunterlagen sind häufig defizitär geprägt und haben keine sonderlich guten Argumente hinsichtlich einer Ausbildungsplatzstelle, die von den SuS angestrebt wird. Zeugnisse und bisherige Beurteilungen stellen oftmals nicht die wahren beruflichen und sozialen Stärken der SuS dar.

Mit der E-Portfolioarbeit und der methodischen Möglichkeiten erhalten SuS die Möglichkeit, ein Produkt zu erhalten und zu entwickeln, das ihren individuellen Entwicklungsprozess und ihr wahres Kompetenzprofil belegen und darstellen kann. Dies könnte auch im Hinblick auf eine spätere Bewerbung und hinsichtlich eines gelingenden Übergangs ein attraktives Bewerbungsprodukt für Unternehmen sein, um einen erweiterten Blick auf ein Bewerberprofil zu erhalten. Dadurch könnte eine schrittweise Annäherung und Verinnerlichung des lebenslangen Lernens erreicht werden, da hier Impulse und Anreize gesetzt werden könnten. Zudem könnten bei einem gelungenen Übergang die soziale und gesellschaftliche Integration der SuS gefördert werden.

Ferner kann eine „erwerbsbiografische Gestaltungskompetenz" angeeignet werden. Diese setzt sich nach Munz aus den Inhalten „Lernkompetenz", „biografischen Blick entwickeln", „Selbstmarketing" und „Kompetenzprofil erstellen" zusammen. (vgl. Munz, 2005; zitiert nach Thomas (2014), 166f.) Alle Inhalte dieser Kompetenz können durch die zielgruppenorientierte E-Portfolioarbeit aufgegriffen werden und könnten SuS dazu befähigen, eigenverantwortliche berufliche Perspektiven zu entwickeln und zu realisieren sowie ein stimulierendes Lernangebot zu Verfügung zu stellen.

Berufliche Beratungsprozesse können jederzeit individuell durch die Lehrkraft erfolgen. Bei der Zielgruppe des ausbildungsvorbereitenden Bildungsgangs ist dieser Aspekt von besonderer Bedeutung, denn aufgrund der Lernvoraussetzungen müssen diverse Prozesse begleitet, unterstützt und geplant werden. Entwicklungs- und Potenzialgespräche können hier vorher in ihrer Breite und Intensität bestimmt und in einem bestimmten regelmäßigen, situations- und persönlichkeitsbezogenen Intervall durchgeführt werden. Grundlage für diese Beurteilungen und Gespräche bieten die gesammelten Dokumentationen.

5.1.5 Möglichkeiten zur Dokumentation

E-Portfolios bieten die Möglichkeit, Lernleistungen, -produkte und -entwicklungen festzuhalten. SuS können sich hierbei jederzeit über ihren Lernzuwachs und über Lernstand informieren.

Das Sammlungs- und Dokumentationsprinzip kann zur Vergegenwärtigung der Lernentwicklung dienen sowie als Grundlage für Feedback-, Entwicklungs- oder Zielvereinbarungsgespräche und bietet einen Überblick über die Lerngegenstände. Die Feedbackkultur verhilft den SuS zu einem direkten Feedback und kann somit zu einem lernförderlichen Entwicklungsprozess führen. (vgl. Fink 2010, 292ff.) So können schrittweise Lernfortschritte festgehalten und vergegenwärtigt werden. Besonders bei der Zielgruppe könnte dies von besonderer Bedeutung sein, da sie somit die Möglichkeit hat jederzeit auf ihren Lernstand zugreifen zu können und sie sich schon kleinste Erfolge vergegenwärtigen können.

Dies könnte motivierend wirken und positive psychologische Auswirkungen hinsichtlich des Selbstwertgefühls haben. SuS können erkennen, dass ihr Handeln zu Erfolgen führen kann. Durch das elektronische Speichermedium liegen die Daten zentral vor und können daher lernortunabhängig aufgerufen und bearbeitet werden. SuS können demnach jederzeit über die Daten verfügen und kontinuierlich damit arbeiten. Es sind dadurch keine papiergebundenen Arbeitsmaterialien notwendig, um eine kontinuierliche Arbeit gewährleisten zu können. Diese Speicherform erlaubt es zudem den SuS sowie den Lehrkräften, Materialien und Leistungen benutzerfreundlich und komfortabel zu dokumentieren sowie zu speichern. Strukturierung und Systematisierung der Materialien werden erleichtert und nebenbei den SuS durch die elektronischen Mechanismen vermittelt. Diese können wiederum reflektiert und für den eigenen Nutzen verwertet werden. Für Lehrkräfte und für die SuS bietet es zudem eine übersichtliche Form der Dokumentation. Dadurch können erworbenen beruflichen Handlungskompetenzen belegt und ein Übergang in die Ausbildung erleichtert werden. Die Dokumentationen können zudem als Grundlage für Selbst- oder Fremdreflexionen sowie für Entwicklungs- oder Zielvereinbarungsgespräche dienen. Diese sind jederzeit allgegenwärtig und können gezielt im jeweiligen Konzept eingesetzt werden.

5.1.6 Weitere Potenziale

Lehrkräfte können ebenfalls ihren eigenen Nutzen aus der E-Portfolioarbeit schöpfen. Neben der vereinfachten Dokumentation, der benutzerfreundlichen Übersicht über Lernentwicklungen, der elektronischen Hilfen und neuen pädagogischen und methodischen Mitteln erhalten Lehrkräfte eine zusätzliche perspektiverweiternde Sicht auf ihre Schüler. Informelle und unbewusste lebensweltbezogene Erfahrungen und Fähigkeiten und damit auch Potenziale, können damit erkannt und im Sinne der individuellen Förderung genutzt werden, um weitere Entwicklungsschritte planen und umsetzen zu können.

Der Rollentausch zu einer primär beratenden Funktion könnte Lehrkräften eine neue Sicht auf ihre Lehrerrolle geben und zu Reflexionsprozessen anregen. Die Portfolioarbeit könnte neue methodische Möglichkeiten aufwerfen, die ihr allgemeines Repertoire erweitern würde. Zudem könnte die E-Portfolioarbeit die Integration von externen Dritten erleichtern. Die mediale Plattform kann einen schnellen und übersichtlicheren Zugriff auf Profile gewährleisten, sollten diese vom Eigentümer freigeschaltet und zur Verfügung gestellt werden.

Darüber hinaus bieten die elektronischen Plattformen Möglichkeiten zur Integration von praxisbezogenen Erfahrungen und Tätigkeiten. Praktische Erfahrungen können dokumentiert werden und betriebliche Ansprechpartner können schneller kontaktiert und involviert werden. Zudem könnten betriebliche und berufsbezogene Informationen und Prozesse leichter visualisiert und vermittelt werden.

Auch im Hinblick auf die Vermittlung von fachlichen und berufsfeldbezogenen Kompetenzen stellt dies ein großes Potenzial da und könnte ein lernortübergreifendes Kooperieren ermöglichen. Die betriebliche Verwertbarkeit könnte damit erhöht werden. Ausbildungsbetriebe und Schulen könnten hierbei ihre Abstimmungs- und Koordinationsprozesse ausbauen und stärken.

Auch hinsichtlich anschließender Förder- oder Betreuungsprogramme empfiehlt es sich, bestimmte Institutionen zu involvieren. E-Portfolios besitzen eine attraktive Darstellungsform, die viele Bereiche der erworbenen Kenntnisse anschaulich visualisieren. Mit diesen können sich Bewerber bei bestimmten Institutionen zu ihrem Vorteil präsentieren und so den Übergang ins Arbeitsleben und für eine mögliche Ausbildung nutzen. Dies erleichtert also den Einstieg nach dem schulischen Weg.

Hierbei müssten Betriebe ein Verständnis für das Instrument entwickeln und den Nutzen für sich erkennen. Ausbildungsbetriebe, die generell höher qualifizierte Ausbildungskräfte suchen, müssten zum Umdenken bewegt werden und sich von rein formalen Leistungsbewertungen in Form von Zeugnissen und Qualifizierungen, distanzieren und ihr Bewertungsfahren hinsichtlich des E-Portfolioprofils öffnen. Die E-Portfolioarbeit bietet hier großes Potenzial zum Umdenken, da die Kompetenzprofile die „wahren" Stärken von SuS abbilden können.

Die soziale und partizipatorische Einbindung der SuS kann hierbei gut gelingen und zudem Schnittstellen zu externen Partnern eröffnen. Dabei kann der Übergang zur Ausbildung vorbereitet und gemeinschaftlich gestaltet werden. SuS können ihre individuellen Stärken auf eine neue Art und Weise Ausbildungsbetrieben präsentieren und diese können zusätzlich eine neue erweiternde Sicht auf ihre Bewerberprofile erhalten.

5.2 Grenzen

5.2.1 Ressourcenaufwand

Bei der E-Portfolioarbeit kommt es – wie bereits festgestellt – zu einem erhöhten ressourcentechnischen Aufwand in vielerlei Hinsicht. Besonders bei den Zielgruppen müssen Konzepte gezielt eingeführt werden, damit SuS lernen, mit diesen Konzepten effektiv umzugehen. Aufgrund der Lernvoraussetzungen müssten zudem erst einmal grundlegende Kompetenzen und Fähigkeiten vermittelt werden, um mit den E-Portfolio-Systemen arbeiten zu können. Grundkenntnisse in technischen Anwendungen müssen als Voraussetzung angesehen werden, um einen Einstieg in die Portfolioarbeit gewährleisten zu können. Sollte dies nicht der

Fall sein, müsste zusätzlich eine Basis mit ausreichenden Grundkenntnissen erarbeitet und geschaffen werden. Auch der finanzielle Aspekt kommt hierbei zum Tragen.

Die Klassenräume benötigen eine entsprechende Ausstattung in technischer Form. Ist dies nicht gegeben, könnte ein zusätzlicher finanzieller Aufwand auf die jeweilige schulische Institution zukommen. Somit müsste neben organisatorischen, pädagogischen und koordinatorischen Aspekten auch der spezielle Nutzen im Vorfeld bewusst sein. E-Portfolioarbeit muss sich zudem den gewachsenen Strukturen der jeweiligen Schule stellen. Unterricht müsste methodisch in einigen Bereichen geöffnet werden und die neue Art der Lehr- und Lernformen müssten gezielt und regelmäßig angewendet werden. (vgl. Scheibel (2010)) Zudem sollte das jeweilige E-Portfolio in das didaktische Konzept der jeweiligen Schule integriert werden.

Hinzu kommt hierbei die Dimension der technischen Weiterbildung. Einige Lehrkräfte, vor allem diejenigen, die keine technische Affinität vorweisen können oder pädagogisch festgefahren sind, müssten zu einem Umdenken bewegt werden, was wiederum eine Herausforderung stellen könnte.

Des Weiteren kommt der zeitliche Aspekt hinzu. Die Bildungsgänge der Ausbildungsvorbereitung sind mit einer Zeitdauer von etwa einem Jahr festgesetzt. Hierbei sollen in den einzelnen Fächern bestimmte Kompetenzen vermittelt werden. E-Portfolioarbeit nimmt viel Zeit in Anspruch und ist sehr aufwändig. Eine falsche Umsetzung und Anwendung könnte hierbei zu zeitlichen Einbußen führen, besonders dann, wenn erst einmal Voraussetzungen für die E-Portfolioarbeit geschaffen werden müssen. Auch die jeweilige individuelle Betreuung muss berücksichtigt werden. Aufgrund der Heterogenität innerhalb der Lerngruppen sind Vorkenntnisse, Lernzuwächse und Bearbeitungszeiten unterschiedlich und müssen personell und zeitlich organisiert werden. Zudem muss die E-Portfolioarbeit einer kontinuierlichen Qualitätskontrolle unterzogen werden, um diese Methode langfristig in die Schulkultur zu implementieren.

5.2.2 Begrenzte Auswahl der Systeme

Aus der Vielzahl der angebotenen E-Portfoliosysteme können nicht alle eine zielführende E-Portfolioarbeit für die ausbildungsvorbereitenden Bildungsgänge bieten. Unterschiedliche E-Portfoliokonzepte bieten unterschiedlichen Zielgruppen unterschiedlichen Output. Aufgrund der Lernvoraussetzung der Zielgruppe und den curricularen Zielen, bietet sich nur eine bestimmte Art von E-Portfolios an. Ein niedrigschwelliger Einstieg muss gegeben sein und die Lehrkraft muss die

Inhalte in reduzierter und teilweise stark kontrollierter Form vorgeben, damit SuS bestimmte Kompetenzen schrittweise erlernen und den Prozess durchlaufen.

Eine weitere Grenze stellt auch die Intensität der Verschriftlichung und Beschreibung von Prozessen dar. SuS in der benannten Zielgruppe bringen hier wenig Kompetenzen mit, um sich schriftlich oder verbal geeignet reflektiert ausdrücken oder selbstregulierend Lernen zu können. Würde man dies voraussetzen könnte eine zielführende E-Portfolioarbeit nicht gewährleistet werden, da nicht alle SuS konstruktiv in den Prozess eingebunden werden könnten. Denn die Freiwilligkeit und das Bewusstsein für die Kompetenzz- und Persönlichkeitsentwicklung der SuS, sind und bleiben die Grundvoraussetzung für eine gemeinschaftliche zielführende Arbeit. Offene Systeme wie die E-Portfolio Software „Mahara" bieten zwar auch eine benutzerfreundliche Oberfläche und Potenziale zur vielseitigen Kompetenzentwicklung, sind jedoch zu offen ausgelegt, um ausbildungsvorbereitende Bildungsgänge einen strukturierten und orientierten Prozess bieten zu können. Hierbei werden selbstregulierendes und eigenverantwortliches Lernen vorausgesetzt, die bei der benannten Zielgruppe nicht unbedingt vorhanden sind und erst entwickelt werden müssen. Der spezielle Nutzen muss daher im Vorfeld bewusst sein, um auch das geeignete Konzept für den Bildungsgang zu finden. Ein E-Portfoliokonzept kann demnach nicht per-se universal auf eine Zielgruppe angewendet werden. Studierende, Auszubildende und auch der konkrete Bildungsgang benötigen speziell auf ihren Zweck und die Zielgruppe modifizierte Systeme.

5.2.3 Begrenzte Kompetenzvermittlung und Individualisierung

Zwar bietet die E-Portfolioarbeit vielseitige kompetenzentwickelnde Möglichkeiten und kompetenzbilanzbezogene Individualisierungen, jedoch müssen deren realistische Möglichkeiten abgeschätzt werden. Eine ganzheitliche Abdeckung und Verinnerlichung der Kompetenzen kann meiner Ansicht nach nur begrenzt stattfinden und nur Anregungen und Impulse setzen, um Lernprozesse in Gang zu setzen. Selbstregulierendes Lernen beispielsweise kann nur schrittweise SuS vermittelt werden. Dies kann aufgrund der individuellen Lernvoraussetzungen oftmals nur in einer reduzierten und kontrollierenden Variante umgesetzt werden. Die Auswahl der Materialen und der methodischen Gestaltung der einzelnen Elemente werden nicht durch die SuS gestaltet, sondern werden extern durch das Konzept selbst oder durch die Lehrkraft vorgegeben.

So zeigt auch die Online Befragung der Jobmappe NRW, dass besonders in den Bildungsgängen des Werkstattjahres und bei Programmen der Aktivierungshilfen eine selbstständige Arbeit mit dem Portfolio kaum möglich sei. (vgl. Lindner & Mahler & Siegel (2012), 5) Auch die fachliche Kompetenzvermittlung hinsichtlich der allgemeinen Basiskompetenzen und der berufsbezogenen fachlichen Kenntnisse (z.b. bestimmte Arbeitsausführungen) können nur begrenzt implementiert werden. Hierzu müssten Modifizierungen vorgenommen werden oder es müssten eigene E-Portfolios für diese fachlichen Kompetenzen eingeführt werden.

Soziale Kompetenzen können vermittelt werden, jedoch nur in einer gewissen Intensität und Breite vermittelt werden. Schwerwiegende und psychologische Defizite können nur mit Hilfe zusätzlicher sozialpädagogischer Interventionen aufgegriffen werden. Die verschiedenen Konzepte bieten hierbei eine begrenze und zielgruppenorientierte Vorauswahl der zu vermittelnden Kompetenzen. Anderweitige, individuelle Kompetenzen könnten durch die enge Ausrichtung kaum vermittelbar sein. Individualisierungen des eigenen E-Portfoliokonzeptes durch die Schüler könnten dabei recht begrenzt sein, da diese nur eine bestimmte Auswahl von Kompetenzen zur Entwicklung durch den jeweiligen E-Portfolioprozess zur Verfügung gestellt bekommen. Dies kann die Motivation zur Nutzung verringern, da nur vorgegebene Elemente bearbeitet werden und die allgemeine Bewertung der E-Portfolioarbeit bei SuS verringern. (vgl. Fink 2010, 293)

Aufgrund der Lernvoraussetzungen kann den SuS hierbei nur ein bestimmter Rahmen zur Verfügung gestellt werden, indem sie schrittweise angeleitet werden, Kompetenzen zu entwickeln und eigenverantwortlich handeln zu können. Auch individuelle Förderung könnte demnach nur begrenzt stattfinden, da eine wirkliche individuelle Entfaltung nur begrenzt möglich erscheint.

5.2.4 Elektronische Lernumgebung

Inwiefern digitale Medien Anreize setzen können, um die Zielgruppe der ausbildungsvorbereitenden Bildungsgänge zu unterstützen, ist noch nicht ersichtlich und ausreichend erforscht. Matthias Fink stellte jedoch beispielsweise bereits fest, dass eine E-Portfolioarbeit nicht zwingend zu einem digitalen Austausch und einer Diskussion anregt. Vielmehr werden Materialen einfach digital gespeichert und dokumentiert. Ein weiterer Austausch kommt hierbei meist nicht zum Tragen.

Zudem besteht die Gefahr das E-Portfolio als „begleitendes Unterrichtsheft" zu verwenden, das lediglich die schriftlich erfassten Ergebnisse digitalisiert festhält. (vgl. Fink 2010, 293) Hier könnte ein E-Portfolio eher ein Aufwand als eine Bereicherung für SuS darstellen.

Die digitale Lernumgebung bietet darüber hinaus noch weitere Nachteile. Einerseits ist man fortan von der technischen Ausstattung abhängig. Sollten Computersysteme ausfallen oder eine Internetanbindung nicht vorhanden sein, kann keine Nutzung des E-Portfolios erfolgen. Weiterhin könnte die elektronische Plattform die Möglichkeit eröffnen, sich im Internet abzulenken und die eigentlichen Lernziele zu vernachlässigen. Auch bieten die implementierte Systematisierung und Strukturierung der einzelnen Materialien eine Erleichterung für SuS. Aufgrund vorgegebener Automatismen und dadurch, dass der Nutzer durch die elektronische Lernumgebung assistiert wird, besteht die Gefahr, die Reflexion mit den eigentlichen kompetenzbasierenden Vorgängen aus dem Fokus zu verlieren.

Die Beratungsfunktion kann auch nicht vollständig durch die digitale Lernumgebung übernommen werden. Weder softwareunterstütze Assistenten noch digitale Formen (Chats, Videochats) können eine reale „face to face"-Beratung ersetzen. Die digitale Lernumgebung weist ebenfalls Grenzen hinsichtlich der Veröffentlichungen von Profilen auf. Da sich das Eigentum bei den Erstellern befindet, haben diese darüber die absolute Vollmacht. Datenschutz und Weitergaben sind hier ein sensibles Thema. Grundvoraussetzung zu einer Einsicht in das Profil ist immer die Zustimmung des Erstellers. Bei Desinteresse seitens des Erstellers haben Lehrkräfte oder auch externe Institutionen keinen Zugriff auf die Dokumentationen. Auch bei der Weitergabe des Onlineprofils spielen die Netzsicherheit und der damit verbundene Datenschutz eine wichtige Rolle. Sollten Eigentümer der elektronischen Umgebung nicht trauen, könnten Potenziale hinsichtlich Bewertungs-, Beurteilungs- und Bewerbungsprozesse nicht abgerufen werden.

Hinsichtlich der technischen Variante müssten sowohl SuS als auch Lehrern Voraussetzungen vermittelt werden, um effizient mit dem E-Portfolio arbeiten zu können. Neben der richtigen Anwendung und Durchführung der Portfolioarbeit müssten gegebenenfalls noch mediale Kompetenzen vermittelt werden. Knowhow, die gezielte Anwendung der Software sowie die didaktische Vermittlung der E-Portfolioarbeit an die SuS, müssen von der Lehrkraft beherrscht werden. Portfolioarbeit in einer elektronischen Lernumgebung ist charakterisiert durch neue didaktische sowie technische Kompetenzen und Möglichkeiten, die gegebenenfalls noch durch Schulungen den Lehrkräften näher gebracht werden müssten. Somit stellt die elektronische Lernumgebung, wie auch bei der online Lernumgebung des Berufswahlpasses einen zusätzlichen finanziellen und ressourcentechnischen Aufwand dar.

5.2.5 Anderweitige didaktische Grenzen

Durch die starre Vorgabe von Materialien, Anleitungen und Methoden wird die Selbstbestimmung der Zielgruppe reguliert. Dies kann zu einem „Over-Scripting" führen. Dadurch können spontane Interaktionen gehemmt und eine lineare Abarbeitung von Inhalten und Übungen zu sehr in den Fokus gestellt werden. Dies vereinfacht zwar die Aneignung von methodischen und persönlichen Kompetenzen, führt aber zu einem fremdgeleiteten Portfolio. Hier muss ein gesundes Maß gefunden werden bei dieser Zielgruppe, damit die Aussagekraft des E-Portfolios bestehen bleibt. Durch die Sammlung und Dokumentation von Ergebnissen und Erfahrungen könnten SuS dazu verleitet werden, diese Objekte lediglich zu speichern und aneinander zu reihen ohne den eigentlichen Fokus auf die Reflexion und die Lernentwicklung zu richten oder den eigentlichen Zweck dahinter zu hinterfragen. Dies wird auch als „Over-Acting" bezeichnet. Aber auch die Reflexion an sich kann hemmend wirken. „Over-Reflecting" kann dazu führen, dass der Schüler immer wieder um sich selbst kreist und ein Bewusstsein entwickeln, dass Reflexionen ausschließlich für Lehrkräfte vollzogen werden. E-Portfolios können damit zu Übertreibungen führen, die einen zielförderlichen Prozess hemmen und beeinträchtigen können. (vgl. Reimann & Sippel (2010), 192f.)

Die E-Portfolioarbeit muss demnach gezielt didaktisch geplant und umgesetzt werden. Individuelle Lernvoraussetzungen können diese Planungen jedoch erschweren und aufwendiger gestalten lassen.

6 Existierende nationale Angebote im Bereich der E-Portfolios

In diesem Kapitel werden die drei bedeutendsten E-Portfolios vorgestellt, die einen Bezug zur Zielgruppe der ausbildungsvorbereitenden aufweisen. Zum einen Berufswahlpass online, zum anderen die Jobmappe NRW und drittens der eProfilPASS.

6.1 Berufswahlpass online

Der Berufswahlpass stellt ein Portfolioinstrument dar, um Berufsorientierungsprozesse zu begleiten und zu unterstützen. Selbstorganisiertes und eigenverantwortliches Lernen sind hierbei implementierter Bestandteil. Gesellschaftliche Entwicklungen hinsichtlich Normen und Werte und den sich ständig verändernden beruflichen Anforderungen werden ebenfalls in diesem Kontext beachtet und integriert. Der Berufswahlpass wird im Kern als Entwicklungsportfolio beschrieben, in dem Elemente anderer Portfolioarten integriert sind (vgl. Staden (2014), 24f.) und existiert zudem in fünf länderspezifischen Variationen (NRW, Hessen, Saarland, Thüringen)

Der Berufswahlpass wird von einigen Ländern derzeit aufgegriffen und weiterentwickelt, liegt aktuell aber nur als papiergebundene Version vor. Das Forschungsprojekt an der Universität Bremen versucht, den Berufswahlpass bereits in eine digitale Lernumgebung zu übersetzen und erprobt dies bereits. (vgl. www.bwp-online.net (2015))

Er wurde, als ein Instrument zur Strukturierung der Berufsorientierung, ursprünglich durch die BMBF Initiative Schule/Wirtschaft/Arbeitsleben entwickelt. Der Berufswahlpass liegt zudem in zwei Varianten vor, die sich auf die Sekundarstufe I und die Sekundarstufe II beschränken. Die Version der Sekundarstufe II richtet seinen Fokus eher auf Abiturienten. Hinsichtlich der Zielgruppe möchte ich mein Augenmerk auf die Version der SEK I richten, da dieser hinsichtlich seiner Voraussetzungen eher die Zielgruppe der Ausbildungsvorbereitung charakterisiert.

Inhaltlich ist der Berufswahlpass in fünf strukturelle Elemente unterteilt, die unterschiedliche Aspekte der beruflichen Orientierung aufgreifen. (Bundesarbeitsgemeinschaft Berufswahlpass (2012), 10ff.)

1 – Einführung: Hierbei wird der Lernende durch eine persönliche Ansprache motiviert, den Berufswahlpass als Instrument für die individuelle Konzeption der beruflichen Zukunft zu nutzen. Ferner stehen Materialien zur Verfügung, die den Umgang und die Idee des Berufswahlpasses näher erläutern.

2 – Angebote zur Berufsorientierung: Bietet einen gesonderten Überblick über diverse Informationsmöglichkeiten hinsichtlich der Berufsorientierung. Auch Betriebe können hier ihre individuellen Informationen einheften. Nebenbei beinhaltet der Ordner diverse Arbeitsblätter, die von den Lernenden im Laufe der Zeit bearbeitet werden sollen.

3 – Mein Weg zur Berufswahl: In diesem Ordnerelement finden SuS Arbeitsblätter und Kopiervorlagen, in denen sie sich mit ihren individuellen Interessen, Stärken, Fähigkeiten und Zielen auseinandersetzen können. Auch Fremd- und Selbsteinschätzungen werden hier während der Bearbeitungszeit wiederholt durchgeführt, damit Stärken und Potenziale der SuS erkannt werden können. Zudem helfen Praktikumschecklisten und individuelle Lernvereinbarungen dabei, den SuS den Planungsprozess des Lernens jederzeit überblicken zu können.

4 – Dokumentation: Hierbei handelt es sich um die Sammlung der bisher erreichten Ergebnisse der diversen Entwicklungsschritte im individuellen Berufswahlprozess. Diese Dokumentation soll den Lernenden, Lehrkräften und Außenstehenden eine Grundlage für Selbsteinschätzungen und Fremdbeurteilungen bieten und Reflexionsprozesse initiieren und unterstützen.

5 – Lebensplanung: Bietet Hinweise, wie man sich individuell einen Ordner angesichts seiner Lebensplanung anlegen kann. Arbeitsblätter, Anregungen oder auch Kontaktmöglichkeiten zur Beratung sind hier abgeheftet. Bisherige Ergebnisse und Arbeiten können hier zudem hinterlegt werden und einfließen.

Im Zuge der Digitalisierung und des wachsenden medialen Interesses der SuS wird versucht, das papiergebundene Konzept in eine elektronische Lernumgebung zu übersetzen. Die Grundstruktur wurde demnach aufgegriffen und um die Vorteile einer elektronischen, webbasierten Lernumgebung erweitert. Diese Lernumgebung bietet dem „Berufswahlpass-Online" die Implementierung und Nutzung von digitalen Medien und Web 2.0 Anwendungen. Zurzeit wird dies im Zuge des Forschungsprojektes des Instituts Technik und Bildung der Universität Bremen erprobt und konzipiert.

Das Portfolio soll dabei jederzeit online für Lehrkräfte und SuS aufrufbar sowie bearbeitbar sein. Auch hardwaretechnisch ist das auf dem Web 2.0 basierende E-

Portfolio jederzeit auf dem Computer, dem Handy sowie auf dem Tablet verfügbar. Auf dem virtuellen Schreibtisch, dem sogenannten „Dashboard", finden sich die grundlegenden Kategorien der papiergebundenen Version wieder. Hier können Dateien und Einträge hinzugefügt und bearbeitet werden und den unterschiedlichen Reitern (Ordnern) zugeordnet werden.

Vordefinierte Eingabe- und Auswahlfelder bieten dabei Raum für Informationen (Schuljahr, Lernort, User etc.) und diverse Einträge können hinzugefügt, bearbeitet, entfernt oder mit anderen Usern (Mitschülern, Freunden, Lehrkräften) geteilt werden. Lernende können gemachte Erfahrungen in Einträgen niederschreiben, die sie in diversen Lernorten sammeln konnten und diese anhand der digitalen Medien und der damit verbundenen digitalen Visualisierungsmöglichkeiten dokumentieren. Diese Einträge können im Zuge der Selbst- und Fremdbeurteilung „getaggt" (Schlagwörter) und im Zuge dessen strukturiert werden. Durch das Teilen (Sharing) können andere Mitschüler oder Lehrkräfte Einblick in die Inhalte des jeweiligen Portfolios erhalten und diese kommentieren und beurteilen. Dabei bleibt dem User jedoch immer selbst überlassen, welche Einträge geteilt werden und wie viel Einsicht andere User in das individuelle Portfolio erlangen können. Durch die Onlineanbindung können im Netz vorhandene Berufsorientierungstests im Online-Pass besucht werden und Ergebnisse im Portfolio eingepflegt werden.

Das Kernstück hierbei bildet ein softwaregestütztes Assistenzsystem. Der Umstand, dass es sich bei der Zielgruppe oftmals um eine heterogene Lerngruppe handelt, die unterschiedliche Erfahrungen hinsichtlich medialer Anwendungen gemacht hat und über unterschiedlich ausgeprägte multimedialen Kompetenzen verfügt, benötigt man eine individuelle Betreuung. Diese Betreuung kann innerhalb der dargebotenen elektronischen Lernumgebung durch den technischen Assistenten angeboten werden. Bedienungsanleitungen, Tutorials oder Orientierungshilfen sind beispielsweise Bestandteil dieser implementierten Assistenten. (vgl. Staden (2014), 28ff.)

Bislang wird der Berufswahlpass im schulischen Kontext akzeptiert und wird zudem für auch für den berufs- und ausbildungsvorbereitenden Unterricht empfohlen. Das Instrument lässt sich fächerübergreifend anwenden und bietet eine Plattform zur Kooperation mit außerschulischen Institutionen wie beispielsweise dem Arbeitsamt oder Betrieben. Diese können sich durch die Einsicht in die finale Mappe einen Überblick über die potentiellen SuS verschaffen. Weiterhin schafft der Berufswahlpass einen Ort, an dem erweiterte Förder- und Beratungsangebote für Lernende bereitgestellt werden können. (vgl. Staden (2014), 2)

6.2 Jobmappe NRW

Die Jobmappe NRW ist ein Portfolioinstrument zur individuellen Förderung in der Berufsvorbereitung am Berufskolleg. Die G.I.B. hat im Jahre 2008 im Auftrag des nordrhein-westfälischen Arbeitsministeriums dieses Instrument entwickelt, das zu Programmen und Initiativen des Landes zur beruflich integrativen Förderung von Jugendlichen und jungen Erwachsenen beitragen soll. Die Mappe ist kostenfrei erhältlich und wird seit dem Jahr 2010 landesweit zur Verfügung gestellt. Durch eine modellhafte Erprobung wurde die Jobmappe NRW bereits als ein geeignetes Portfolioinstrument für den Einsatz am Berufskolleg und er Berufs- und Ausbildungsvorbereitung herausgestellt. Die Jobmappe ist für SuS konzipiert, die sich nach dem Verlassen der allgemeinbildenden Schule auf eine Ausbildung vorbereiten wollen oder einen Einstieg in die Berufswelt planen und dabei unterstützt werden wollen.

Fähigkeiten, Interessen und Stärken der SuS sind hierbei Ansatzpunkte für die Jobmappe, die einen verstärkten Fokus auf informell erworbene Kompetenzen legt. Weiterhin ist sie als offenes Konzept ausgelegt, welches diverse Rahmenbedingungen seitens eines institutionellen Charakters und der jeweiligen Fördermaßnahmen berücksichtigt.

Die Jobmappe NRW besteht aus einer papiergebundenen Version in Form eines Ringordners, welcher fünf Registerblättern und Einleitungstexten sowie 23 Arbeitsblättern und drei Klarsichthüllen enthält. Weiterhin enthält das Basispaket einen USB-Stick, der die digitale Variante des Portfolios beinhaltet und auf dem die diversen Arbeitsblätter gespeichert sind sowie als individuell angefertigte Bewerbungsunterlagen archiviert werden können. Zudem sind alle Materialien im internetgestützten Erweiterungsmodul online erhältlich, um jederzeit die Aktualität der Arbeitsblätter zu gewährleisten. Die diversen Ordnerelemente dienen der Bearbeitung und der Archivierung der Arbeitsblätter und der individuellen Leistungen.

Der Aufbau der Ordnerstruktur ist nach dem Prozess der individuellen Qualifizierung-und Förderplanung aufgebaut und verfügt über fünf Rubriken, indem SuS Arbeitsblätter bearbeiten, reflektieren und dokumentieren können.

1 – Profil: Meine Stärken und Interessen: Erfassen, ordnen und bewerten von grundlegenden Daten zur eigenen Person, hinsichtlich Kenntnissen und bildungsbiographischem Vorwissen. Zudem eigenes beschreiben von individuellen Schlüsselkompetenzen, beruflichen sowie privaten Interessen und Stärken unter zu Hilfenahme der Arbeitsblätter.

2 – Ziel: Meine Planungen und nächsten Schritte: Bestimmung und Beschreibung von beruflichen und persönlichen realistischen Zielen. Zielvereinbarungen werden zusammen mit der Lehrkraft geplant, schriftlich festgehalten, überprüft und mit einer beidseitigen Unterschrift verbindlich festgehalten.

3 – Beruf: Mein Weg in den Beruf: Möglichkeit, detaillierte Informationen über gewünschte Ausbildungen zu erhalten. Die Rubrik enthält keine Vorabinformationen und Arbeitsblätter, sondern ist leer. SuS haben hierbei die Möglichkeit, hinsichtlich ihrer individuellen Rahmenbedingungen, Voraussetzungen und Entwicklungen diese Rubrik im Laufe des Jahres zu füllen. Neben diesen Punkten können zudem Nachweise erworbener Qualifikationen hinzugefügt werden, um beispielsweise Betriebe und Institutionen bei ausbildungsrelevanten Entscheidungen unterstützen zu können.

4 – Bewerbung: Meine Unterlagen und Dokumente: Gesammelte Dokumente, Nachweise, Zeugnisse und Qualifizierungen können hier gesammelt und systematisch sortiert werden. Ziel dabei ist, eine aussagekräftige Bewerbung zu erstellen und die gemachten Erfahrungswerte dazu benutzen, um den Bewerbungsprozess vorzubereiten.

5 – Infos: Informationen und Adressen: Wichtige private Kontaktadressen können eingepflegt werden und weiterführende Links zum Thema „Ausbildung und Arbeit" hinzugefügt werden.

Neben der virtuellen Variante des USB-Sticks, bietet die Jobmappe zudem ein Forum (qualiboxX) für Lehrkräfte und Betreuer an, um einen Erfahrungsaustausch und eine engere Vernetzung zu ermöglichen, damit stetig Verbesserungspotenziale erkannt werden und das Instrument modifiziert werden kann.

Die Jobmappe NRW ist ein kompetenzorientierter Portfolioansatz, der Jugendlichen dabei helfen soll, vorhandene Stärken kennenzulernen, individuelle Kompetenzen zu ermitteln und diese in biografischer Hinsicht erkennbar zu machen. Neben den formal erworbenen Kompetenzen sollen besonders informelle Kompetenzen bewusst gemacht und für die berufliche Planung genutzt werden. Die Jobmappe NRW soll somit Jugendlichen beim Übergang in die Ausbildung bzw. in den Beruf unterstützen und dient als dokumentarische Grundlage für Fördergespräche sowie der Setzung von individuellen Zielvereinbarungen. (vgl. G.I.B. NRW (2014))

6.3 eProfilPASS (ePP)

Der eProfilPASS stellt eine weitere E-Portfolio Variante dar. Auch diese Version hat ihren Ursprung in einer papiergebundenen Variante und wurde aufgrund des technologischen Fortschrittes auch auf eine elektronische Plattform übertragen.

Der ProfilPASS wird bereits seit 2002 konzipiert und weiterentwickelt und wurde als ein lebensbegleitendes Instrument angelegt, welches in Phasen der beruflichen sowie persönlichen (Neu-) Orientierung oder auch einer Umbruchphase unterstützend eingesetzt werden kann. Dabei sollen zudem non-formale und informell erworbene Kompetenzen bewusst und sichtbar gemacht werden. Der ProfilPASS beinhaltet zudem eine Begleitung durch einen ProfilPASS-Berater.

eProfilPASS ist ein interaktives Lernsystem mit einer speziellen methodisch- didaktischen Aufbereitung, welches eine schrittweise selbstgesteuerte Bearbeitung einzelner Aufgabenfelder ermöglicht. Die elektronische Variante ist eine internetbasierte Web 2.0-Anwendung, die gezielte Medienelemente einsetzt, um Reflexions-, Selbstexplorations- und Lernprozesse anzuregen und durch diverse Interaktionsformen eine Vielzahl von Sinnen ansprechen soll.

Methodisch ist dieses Instrument als biografisch-systematisch sowie entwicklungsorientiert einzuordnen, so dass eigene Kompetenzen und Fähigkeiten durch die Auseinandersetzung mit der persönlichen biografischen Entwicklung abgeleitet, sichtbar gemacht und zusammengefasst werden können. Eine reflexive Auseinandersetzung mit sich selbst, die Sammlung von non-formalen und informell erworbenen Fähigkeiten, Kompetenzen und Fertigkeiten, Selbstbeurteilung und die Beratungsfunktion sind primäre Leistungen dieses E-Portfolios. Durch den elektronischen Einsatz können zudem Bearbeitungsprozesse gesteuert sowie Ordnerstrukturen und Übungen zielgruppenoffen gestaltet werden. (vgl. Pielorz & Westebbe (2014), 93f) Der ProfilPASS ist in zwei digitalen Varianten erhältlich und richtet sich jeweils an junge Menschen und an Erwachsene. Zielgruppen sind hierbei beispielsweise Personen, die lieber digital als handschriftlich arbeiten oder zeitlich sehr eingespannt sind.

Der eProfilPASS ist aus vier aufeinander aufbauenden Elementen konzipiert: Reflexion des eigenen Lebens, Ermittlung der eigenen Stärken und Eigenschaften, Erkennen von Interessen und Neigungen sowie Annäherungen an die eigenen Wünsche und Ziele. Der eProfilPass bietet zudem eine Auswahl von verschiedenen Übungen und Aufgaben die diesen Prozess initiieren sollen. Sie sind methodisch erweiterbar sind. (vgl. Rottau et al., 2012; zitiert nach Seidel & Hülsmann & Reinshagen (2014), 53) Diese müssen auf die jeweilige Zielgruppe abgestimmt werden. Die Module sind ausbaufähig und ein kreativer Umgang mit den gebotenen Elementen wird erwünscht.

Der Portfolioprozess gliedert sich in diesem Konzept in vier Prozessschritte. (vgl. Seidel et al. (2014), 54f.)

1 – Mein Leben: Der Einstieg beginnt mit dem Nachdenken über das eigene Leben des Nutzers und über die, Menschen die seinen Alltag prägen. Das Bewusstmachen des persönlichen Umfeldes und der alltäglichen Beschäftigungen wird dokumentiert. Gezielte Leitfragen führen den Lernenden durch das Thema und führen diesen an das biografische Arbeiten und Reflexionsprozesse heran. Bei Schwierigkeiten soll der Berater unterstützen und den Lernenden zum Erzählen ermutigen.

2 – Meine Stärken: Hier werden die individuellen Stärken durch die Lernenden ermittelt, indem sie Tätigkeiten aus dem Alltag (Hobbies, Haushalt, Alltag) auswählen und beschreiben und damit über ihr Tun nachdenken. Zudem sollen sie auflisten in welcher Intensität sie diese Tätigkeit ausführen und mit welchem Interesse sie diese ausüben. Danach folgt die Auseinandersetzung mit den individuellen Charaktereigenschaften. Dies kann beispielsweise auch im Gruppenaustausch geschehen, um Selbsteinschätzungen mit Fremdeinschätzungen vergleichen zu können und Diskussionen anzuregen. Dies kann wieder mit digitalen Übungen oder Beantwortung und Leitung durch Leitfragen geschehen.

3 – Meine Interessen: Im Mittelpunkt stehen hier die Interessen und Neigungen der Lernenden. Diese werden beispielsweise durch Übungen und Aufgabenstellungen angeregt, konkrete Themen zu nennen, die sie beschäftigen. Wertevorstellungen und Überzeugungen werden hierbei ermittelt und dokumentiert.

4 – Meine Ziele: Lernende beschäftigen sich mit individuellen Wünschen und Zielen. Dabei sollen sie die zuvor ermittelten individuellen Stärken und Interessen involvieren und diese auf ihre Berufswünsche reflektieren. Sie sollen sich dabei realistische Ziele setzen und weitere mögliche Entwicklungswege planen.

Die anschließende Beratung durch den Berater kann in einem persönlichen Gespräch erfolgen oder per Fernberatung in Form einer Videoübertragung stattfinden. Beratende unterstützen den Lernenden während des gesamten Prozesses, bei Zielformulierungen, Bearbeitungen oder Dokumentationen. Auch sprachliche und inhaltliche Fragen können geklärt werden. Berater können jederzeit, je nach Zielgruppe, Reflexionsprozesse steuern und den Grad des selbstgesteuerten Lernens beeinflussen. Durch die digitale Variante haben Beratende auch jederzeit einen Überblick, inwiefern die jeweiligen Bearbeitungsprozesse abgeschlossen sind und welche Lernenden mehr Unterstützung benötigen. Die Beratung kann hierbei in vielseitiger Form geschehen. Von Einzelberatung zu jeweiligen Beratungsfeldern bis zu Gruppenberatungen können verschiedene Formen gewählt werden.

Zur Unterstützung der Lernenden werden im eProfilPASS sogenannte „Avatare" eingesetzt, die dem Lernenden Bearbeitungsschritte oder Vorgehensweisen verbal erklären können, ohne einen Berater direkt hinzuzuziehen. Dieser Avatar kann jedoch auch je nach Zielgruppe deaktiviert werden. Weiterhin werden von eProfilPASS Kurse und Beratungsformen angeboten. Die User können beispielsweise jederzeit Beratungen oder Kurse in Anspruch nehmen und sich innerhalb des E-Portfolios weiterbilden. (vgl. Pielorz & Westebbe (2014), 99ff.)

7 Kriterien zur Bewertung von E-Portfolio-Konzepten

Die im vorherigen Kapitel vorgestellten E-Portfoliokonzepte sollen einer Bewertung unterzogenen werden. Hierfür sind fest definierte Kriterien erforderlich, die in diesem Kapitel vorgestellt werden sollen. Neben der technischen Umsetzung sollen die in Kapitel 5 identifizierten Defizite der Zielgruppe als Kriterien dienen, um zu evaluieren, ob die jeweiligen E-Portfoliokonzepte geeignet sind, um die Defizite der Zielgruppe zu beheben.

7.1 Technische Umsetzung

Durch die Digitalisierung und die technischen Möglichkeiten des Web 2.0 können papiergebundene Portfolios mittlerweile in eine elektronische Lernumgebung überführt werden. Diese bieten vielseitige Formen von methodischen Möglichkeiten, um Impulse und Anreize für Lernprozesse zu setzen. Die digitale Umsetzung kann auf unterschiedliche Weise erfolgen, da digitale Medien verschiedenartig implementiert und visuell gestaltet werden können. Dies soll im Rahmen dieses Kriteriums überprüft werden.

7.2 Berufliche Orientierung

Dieses Kriterium soll die Konzepte in Bezug auf ihre Fähigkeit untersuchen, berufliche Orientierungen sowie berufliche Perspektiven zu vermitteln. Ein curriculares Ziel der Bildungsgänge der Ausbildungsvorbereitung ist die berufliche Orientierung. Den SuS soll eine Berufswahlkompetenz und eine berufliche Perspektive vermittelt werden, damit diese eigenverantwortliche Entscheidungen über ihre berufliche Zukunft treffen können. Hierbei wird überprüft, ob die Konzepte die berufliche Orientierung aufgreifen und inwiefern eine berufliche Entscheidungskompetenz aufgebaut werden kann.

Ein Großteil der SuS in den Bildungsgängen der Ausbildungsvorbereitung wird durch berufliche Orientierungslosigkeit sowie mangelnde Berufswahlkompetenz charakterisiert. Demnach zeigen die SuS oftmals unrealistische Vorstellungen hinsichtlich ihrer zukünftigen Perspektiven sowie beruflichen Vorstellungen auf. Oftmals fehlen ihnen auch grundlegende Kenntnisse über Bewerbungsprozesse, Ausbildungsmärkte oder Arbeitsmärkte.

Der Berufsorientierung und der damit einhergehende Übergang zwischen Schule und Ausbildung erlangt hierbei eine besondere Bedeutung. Die „doppelte Passung" ist die Grundvoraussetzung für die berufliche Zufriedenheit und bildet die Grundlage für berufliche und persönliche Perspektiven. Das Individuum und der Beruf müssen passend aufeinander abgestimmt werden. Fähigkeiten, Fertigkeiten,

Kenntnisse sowie Kompetenzen des Individuums müssen mit den beruflichen Anforderungen übereinstimmen. Berufliche Inhalte, Tätigkeiten und Rahmenbedingungen müssen hingegen mit den Interessen, Neigungen, Werten und Motivationen des jeweiligen Individuums übereinstimmen. (vgl. Seidel et al. (2014), 9)

Es soll also eine realistische Einschätzung über sich selbst und über die des Berufsbildes entwickelt werden. Diese müssen gegenseitig korrelieren, um eine realistische berufliche Perspektive und Orientierung für den SuS generieren und planen zu können. Eine Berufswahlkompetenz soll hierbei entstehen, die es SuS ermöglicht, wohlbegründete berufliche Entscheidungen nach der Vollendung der Schule zu treffen und wiederkehrenden biographischen Situationen bewältigen zu können. (vgl. Ratschinski 2008 zitiert nach Seidel et al. (2014), 10)

Berufliche Orientierung impliziert somit die Förderung von Kompetenzen, eigene Berufsbiographien zu entwerfen, vorzubereiten und gestalten zu können. Um berufliche Perspektiven entwickeln und planen zu können benötigt man bestimmte Orientierungshilfen in denen sich SuS mit den genannten Anforderungen auseinandersetzen können. (vgl. Seidel et al. (2014), 11)

7.3 Sozialkompetenz

Soziale Kompetenzen beziehen sich auf die Fähigkeit und Bereitschaft, zielorientiert mit anderen zusammenzuarbeiten, ihre Interessen und sozialen Situationen zu erfassen, sich mit ihnen rational und verantwortungsbewusst auseinanderzusetzen und zu verständigen sowie die Arbeit-und Lebenswelt mitzugestalten. (vgl. www.dqr.de (2015)) Soziale Kompetenzen sind hinsichtlich der Zielgruppe zu vermitteln, da defizitäre Entwicklungen hinsichtlich der sozialen Kompetenzen oftmals vorliegen könnten. Soziale Tugenden und Umgangsformen definieren die Interaktion zwischen Menschen. Soziale Kompetenzen sollen innerhalb der Konzepte vermittelt werden, um gesellschaftliche und soziale Wertvorstellungen zu vergegenwärtigen, die auch im beruflichen Kontext ihre Anerkennung finden. Untersucht wird hierbei, in welcher Art und Weise soziale Kompetenzen durch die Konzepte vermittelt werden können.

Soziale Fähigkeiten können im Rahmen der E-Portfolioarbeit grundsätzlich aufgebaut und im Einklang mit gesellschaftlichen und beruflichen Normen- und Wertvorstellungen vermittelt werden, damit eine effektive Eingliederung in den Ausbildungs- oder Arbeitsmarkt gewährleistet werden kann. Die gesellschaftliche, politische, soziale und berufliche Teilhabe kann durch eine erfolgreiche Überführung schrittweise ermöglicht werden. Dafür sind jedoch gesellschaftliche und berufliche Wert- und Normvorstellungen und passende soziale Attitüde grundlegende Bedingungsfaktoren. SuS müssen sich selbst sozial wahrnehmen können und ihre Selbstwahrnehmung auf das gesellschaftliche Leben projizieren können. Soziale Tugenden und Umgangsformen definieren die Interaktion zwischen Menschen. Soziales Lernen kann initiiert werden, um das Lernen sowohl mit sich selbst als auch mit anderen Dispositionen angemessen anzugehen. Darunter fallen beispielsweise Kenntnisse und Fähigkeiten hinsichtlich des Einfühlungsvermögens (Empathie), der Kommunikationsfähigkeit, der Kooperationsfähigkeit, der Konflikt- und Kritikfähigkeit sowie der Toleranz gegenüber anderen Mitmenschen. Auch soziale Tugenden wie Zuverlässigkeit, Ordentlichkeit, Pünktlichkeit und Regelkonformität sind Aspekte der sozialen Kompetenz (vgl. Ripplinger (2015), 3) können durch die E-Portfolioarbeit vermittelt und verinnerlicht werden.

7.4 Fach- und Methodenkompetenz

Die fachliche Kompetenz bezieht sich hierbei auf die Fähigkeit und Bereitschaft, Aufgaben- und Problemstellungen eigenständig, fachlich angemessen sowie methodengeleitet zu bearbeiten und das Lernprodukt angemessen beurteilen zu können. Ebenfalls zählen hierzu Wissensaspekte hinsichtlich beruflichen und schulischen Fach- und Grundwissens. Die Zielgruppe weisen hierbei defizitäre Anlagen auf, welche aufgearbeitet werden sollen.

Das selbstgesteuerte Lernen ist hinsichtlich des Aspekts des lebenslangen Lernens von großer Bedeutung, so dass Lernprozesse auch über die schulische Zeit hinaus selbstständig und zielführend gestaltet werden können. Dies soll die Selbstständigkeit der SuS fördern und sowie die Lernortunabhängigkeit des Lernens vermitteln. SuS sollen als aktiver Aneignungsprozess verstanden werden, indem der SuS über sein Lernen, seine Lernbedürfnisse sowie seine über seine Lernhilfen und -angebote entscheiden können. (vgl. Czerwionka & Knutzen & Bieler (2010), 3)

Selbstgesteuertes Lernen impliziert, dass SuS den eigenen Lernbedarf feststellen, sich selbst motivieren, das Lernen steuern, überwachen und bewerten können. Entscheidungen über Lernziele, über Inhalte, über Lernressourcen, über zeitliche Aspekte, über methodische Aspekte sowie die Feststellung der Lernzielerreichung müssen durch den Schüler getroffen werden. (vgl. Haag & Streber, 104) Boekaerts veranschaulicht in seiner Grafik hierbei die unterschiedlichen Schichten des selbstregulierenden Lernens. Hierbei unterscheidet er zwischen der Regulation des Selbst, Regulation des Lernprozesses sowie der Regulation der Informationsverarbeitung. (vgl. Boekaerts 1999, 449)

Grundlage für selbstgesteuerte Lernprozesse ist die Reflexionsfähigkeit. Reflexion bedeutet, sich mit gemachten Erfahrungen individuell auseinander zu setzen und diese rückblickend zu analysieren. Eigene Lernprozesse, Stärken oder Fähigkeiten sollen bewusst gemacht werden und zu neuen Zielsetzungen initiieren. Reflexion kann vor, nach oder während eines Ereignisses stattfinden und in verschiedenen Weisen erfolgen. Auch vergangene Aktivitäten erlangen hierbei Aufmerksamkeit und können involviert werden. Sowohl Selbstreflexionen als auch Reflexionen im Austausch mit anderen können methodische Anwendung finden (vgl. Czerwionka et al. (2010), 4) und in schriftlicher, narrativer, handlungsorientierter oder leserlicher Form ausgeformt werden.

Zudem hat die Selbstreflexion einen prozessualen Charakter, wurde die Methode verinnerlicht, kann aus diese bei weiteren zukünftigen Lernprozessen oder Standortbestimmungen angewendet werden. Seidel et al. (2014), 38)

Methodenkompetenz soll sich hierbei auf die Fähigkeit zur Anwendung gezielter Lern- und Arbeitsmethoden beziehen. Dabei möchte ich mich speziell auf das selbstgesteuerte Lernen sowie die Reflexion beziehen, die beide Ziele einer effektiven E-Portfolioarbeit sind. Untersucht wird, inwiefern die einzelnen Konzepte diese Kompetenzen vermitteln können.

8 Bewertung der E-Portfolios anhand der Kriterien

8.1 Technische Umsetzung

8.1.1 Untersuchung der Konzepte

Die Grundstruktur des **Berufswahlpasses online** ist die papiergebundene Variante, die durch den technischen Fortschritt mittlerweile in eine elektronische Plattform überführt werden kann. Hierbei möchte ich einen Ausblick auf die technisch mögliche Umsetzung geben.

Das E-Portfolio soll dabei jederzeit und ortsunabhängig vom jeweiligen Nutzer genutzt und aufgerufen werden. Durch die Umsetzung in die Online-Umgebung kann das Portfolio außerdem hardwareunabhängig (PC, Tablet, Handy) durch den Eigentümer visualisiert oder bearbeitet werden. Die papiergebundenen Elemente werden dabei nicht nur digitalisiert und in die elektronische/onlinebasierende Lernumgebung überführt, sondern durch die Einbindung digitaler Medien erweitert. Sowohl Lehr- als auch Lernprozesse können nun medial erweitert werden, dies geschieht hierbei in Form von Foren, Blogs, Kommentarfunktionen oder Sharing-Funktionen. Nutzer können nun beispielsweise ihre individuellen Einträge jederzeit bearbeiten, mit anderen teilen und beurteilen lassen. Inhalte können durch die SuS auf vielfältige Art eingebunden und visualisiert werden (Videodateien, Audiodateien, Bilder).

Weiterführende Informationsquellen zu bestimmten Themen, Unterstützungsangeboten können in Form von Links zur Verfügung gestellt werden, auf die man jederzeit Zugriff hat, für deren Nutzung jedoch eine Online-Verbindung erforderlich ist. Kommunikationsprozesse können hierbei durch die Implementierung von Blogs, Foren oder Wikis angeregt und den SuS als Selbst- oder Fremdbeurteilungsinstrument zur Verfügung gestellt werden. Das elektronische „Dashboard" (Hauptseite), auf dem die bekannten fünf Ordnerelemente eingebunden sind und einzeln zur Ansicht oder Bearbeitung aufgerufen werden können, dient der allgemeinen Orientierung des Users. Zur zusätzlichen Hilfestellung steht, neben der jeweiligen Lehrkraft, eine Assistenzsoftware zur Verfügung, die dem Lernenden bei individuellen Problemen oder Schwierigkeiten zur Seite steht und mit passenden Lösungs- oder Bearbeitungsvorschlägen weiterhelfen kann.

Materialien und Übungen können online hochgeladen und bearbeitet werden. Grundlage hierfür bietet ein separat zur Verfügung gestelltes Speichermedium in Form eines zentralen Servers. Somit ist es möglich, eine große Datenmenge zu speichern ohne hierfür einen papiergebundenen Ordner anlegen zu müssen. Auch sind Simulationen und kleinere Videospiele mögliche Bestandteile des Berufswahlpasses. Diese können spezielle Kompetenzen fördern und vermitteln und zugleich motivierend wirken.

Die Überführung der papiergebundenen Variante des Berufswahlpasses bringt demnach die Vorteile der medialen Einbindung mit sich und kann neue didaktische Möglichkeiten hinsichtlich der Portfolioarbeit erschließbar machen.

Die **Jobmappe NRW** baut ebenfalls auf einem papiergebundenen Portfoliokonzept auf und wurde nur teilweise in eine elektronische Variante überführt – sie besteht zurzeit aus einer papiergebunden Version in Form eines Ordners und einem mitgeliefertem USB-Stick, der die digitale Version des papiergebundenen Portfolios mit allen Arbeitsblättern und Informationen enthält. Zudem findet man auf einer separaten Homepage ein Onlinehandbuch sowie aktuelle Arbeitsblätter und Informationsmaterialen für den Ordner und den USB-Stick. Weiterhin können Ergebnisse, Leistungen als auch Bewerbungsunterlagen archiviert werden und stehen dem Schüler digital zur Verfügung.

Der USB-Stick ist Eigentum des jeweiligen Schülers. Die USB Lernumgebung hat kein Design in Form eines „Dashboards" oder einer grafischen Oberfläche, sondern verfügt über eine Ordnerstruktur, in der Elemente archiviert, bearbeitet und gesucht werden können. SuS haben somit ein digitales Instrument zur Hand, auf das sie auch lernortunabhängig Zugriff haben. Sie können Dateien und Arbeitsblätter somit auch zu Hause oder beispielsweise im Praktikumsbetrieb bearbeiten. Dazu müssen sie nicht den papiergebundenen Ordner bei sich tragen, sondern haben die Möglichkeit die digitale Version zu benutzen. Dies könnte besonders Interessant für technikaffinere SuS sein.

Das Portfoliokonzept der Jobmappe NRW ist damit etwas beschränkter, da es nur unter Benutzung eines PC mit USB-Anschluss oder in Form der papiergebundenen Variante benutzt werden kann und somit keine wirkliche Online-Umgebung mit einschließt. Die E-Portfolio Umsetzung erfolgt demnach nur durch die Digitalisierung der Daten auf dem Stick. Eine Möglichkeit der Onlineanbindung, die zu einer Ortsunabhängigkeit führen kann, ist ebenfalls nicht gegeben. Digitale Medien könnten hier nur begrenzt, in Form von Applikationen oder Programmen hinzugefügt werden und die Möglichkeiten des Web 2.0 bleiben daher weitestgehend ungenutzt. Derzeit werden jedoch Überlegungen getätigt, die papiergebundene Version in ein tatsächliches E-Portfolio zu überführen, um die Vorteile des WEB 2.0 nutzen zu können. Die Jobmappe NRW verfügt zwar über eine Onlinepräsentation in Form einer Website, diese dient jedoch nicht zur Einsicht und Bearbeitung des individuellen Portfolios, sondern lediglich als Informations- und Dokumentenplattform. Ein weiteres digitales Medium wird in Form eines Forums (qualiboX) angeboten, das jedoch nur Lehrkräften vorbehalten ist, die dadurch einen Erfahrungsaustausch untereinander anregen können.

Der **eProfilPASS** hat, wie auch die beiden anderen Konzepte, eine papiergebundene Version als Vorgänger, auf die sich die elektronische Variante bezieht. Der eProfilPASS wurde digitalisiert und in eine online Lernumgebung implementiert. Er ist orts- und zeitunabhängig als auch aufruf- und bearbeitbar, man benötigt lediglich einen Internetzugriff und eine Hardwarekomponente (PC, Handy, Tablet). Dadurch kann das E-Portfolio, auch unabhängig von der jeweiligen Hardware aufgerufen werden und könnte dem User damit jederzeit zur Verfügung stehen.

Das „Dashboard" dient, wie beim Berufswahlpass auch, hier als Orientierungshilfe in der die vier Elemente visualisiert sind. Digitalen Medien, deren Einsatz durch die elektronische Umgebung ermöglicht wird, können auch hier erweiternd eingesetzt werden. Ergebnisse, Übungen, Arbeitsanweisungen und Bearbeitungen können in den verschiedenen Elementen auf dem Dashboard hinterlegt und in diesen dokumentiert und modifiziert werden. Ebenfalls bietet der EProfilPASS eine Assistenzsoftware in Form eines Avatars an, der Bearbeitungsschritte, Vorgehensweisen oder Fragen verbal erläutern kann. Diese Funktion kann je nach Zielgruppe ein oder ausgestellt werden. Der eProfilPASS hat einen ganz besonderen Fokus auf den Bereich der Beratung, die man in vielseitiger Form in Anspruch nehmen kann, beispielsweise „face to face" oder auch durch digitale Kommunikationswege. Implementierte Video- oder Audiochats können von Beratern und Lernenden genutzt werden, um Beratungsprozesse oder Coachings durchzuführen. Diese digitale Art der Kommunikation kann je nach Lerntyp unterschiedlich verwendet werden. Ein negativer Aspekt des eProfilPASSes ist der zusätzliche finanzielle und zeitliche Aufwand. Durch die Ausbildung der Lehrkräfte zu ProfilPASS-Beratern könnten zusätzliche Kosten entstehen und Lehrkräfte zeitlich in Anspruch nehmen, da durch die benötigte Ausbildung ein tatsächlicher Mehraufwand besteht.

8.1.2 Bewertung der Konzepte

Hinsichtlich der technischen Umsetzung ist der Berufswahlpass (online) die empfehlenswertere Alternative, denn innerhalb dessen elektronischen Lernumgebung wird eine Vielzahl von medialen und technischen Möglichkeiten geboten. Zudem können hier Übungen und Inhalte durch digitale Medien umgesetzt, erweitert und bereichert werden. Die Jobmappe NRW hingegen bietet nur einen digitalen Ansatz in Form des USB-Sticks. Die motivationalen und methodisch-pädagogischen Möglichkeiten eines E-Portfolios können deshalb kaum ausgeschöpft und angewendet werden. Der eProfilPASS bietet, aufgrund der elektronischen Lernumgebung, eine technische Umsetzung des papiergebundenen Portfolios, implementiert jedoch im Vergleich zum Berufswahlpass bis dato zu wenige Anwendungsmöglichkeiten der digitalen Medien. Digitale Kommunikations- und Veröffentlichungsfunktionen könnten hierbei zielgruppenorientiert erweitert werden und auf alltägliche Interessen und Kommunikationsprozesse hin sensibilisiert werden. Zudem bieten elektronische Portfolios die Chance, einen zeit-, lernort- sowie hardwareunabhängigen Zugriff zu ermöglichen und somit jederzeit zur Verfügung stehen. Diese Aspekte werden lediglich in der Onlinevariante des Berufswahlpasses bereits beachtet und implementiert. Aufgrund der Technikaffinität und der alltäglichen digitalen Anwendung könnte dies einen zusätzlichen motivationalen Charakter bei den SuS erzeugen und eine kontinuierliche Arbeit mit dem E-Portfolio fördern.

Die Konzepte bieten zudem die Möglichkeit, Schnittstellen mit externen Lernorten zu eröffnen. Die Einbindung von Betrieben oder der Bundesagentur für Arbeit ist hierbei möglich. Diese Form der Kooperation müsste im Vorfeld geplant und koordiniert werden. Hinsichtlich der Grundlagenbildung zur beruflichen Beratung und der Einbindung von praktischen Erfahrungen und Wissensbeständen bieten die Konzepte vielseitige Implementierungs- und Darstellungsmöglichkeiten. Die elektronische Darstellung des jeweiligen Profils für externe Institutionen könnte in Form des Berufswahlpasses und des eProfilPASSes vorteilhafter sein. Aufgrund der fortschreitenden Digitalisierung könnten diese beiden Konzepte Portfolios visualisieren und damit grundsätzlich attraktiver gestalten. Die Jobmappe NRW bietet hingegen keine grafische Darstellungsform in dieser Form.

8.2 Berufliche Orientierung

8.2.1 Untersuchung der Konzepte

Der **Berufswahlpass online** greift das Problem der beruflichen Orientierungslosigkeit schon in der Sekundarstufe I auf. SuS werden mit der Bearbeitung der Elemente innerhalb der Portfolioarbeit auf ihre Interessen, Kenntnisse, Erfahrungen und Stärken hin überprüft. Sie bekommen hierbei aufgrund der zu bearbeitenden Arbeitsblätter und Übungen die Chance, ihre eigenen Interessen, Fähigkeiten und Kompetenzen zu reflektieren und zu erfassen und hinsichtlich eines zu ihnen passenden Berufes zu abzugleichen. Berufsfelder und die Spannbreite der beruflichen Möglichkeiten werden ausgezeigt. Der Berufswahlpass dient hinsichtlich der beruflichen Orientierung primär der ersten Herausstellung von eigenen Potenzialen und Fähigkeiten und soll den SuS dabei realistische Anschlussperspektiven aufzeigen und den SuS näher bringen.

Durch die Bearbeitung der einzelnen Elemente soll der Schüler am Ende ein Portfolio erstellt haben, dass ihm seine Neigungen, Stärken und Interessen darlegt und welche beruflichen Perspektiven sich für ihn eröffnen können. SuS werden über berufliche Wege informiert und planen diese erstmals. Auch bietet der Abschnitt „Lebensplanung" zusätzliche Hilfestellungen, die auch noch nach der Portfolioarbeit zugänglich sind und unterstützend zur Verfügung stehen. SuS können praktische Erfahrungen, Leistungsnachweise, Zeugnisse und sonstige persönliche Leistungen dokumentieren und in ihren Berufswahlpass mit einfließen lassen. Schrittweise wird in den verschiedenen Elementen eine „Berufsorientierungskompetenz" aufgebaut. Der Kreislauf orientiert sich hierbei an einer zielgerichteten Berufsorientierung, die sich aus den Elementen „Fähigkeiten und Interessen ermitteln", „Informationen beschaffen", „Fähigkeiten weiterentwickeln", „Beratung nutzen", „Berufswahl", „Bewerbung" und der „Organisation des Überganges" aufbaut.. (vgl. Bundesarbeitsgemeinschaft Berufswahlpass (2012), 12)

Das Ziel des Berufswahlpass in Form des Portfolios soll hierbei kein „Hochglanzzeugnis" sein, sondern er soll mit seinen Inhalten eine fundierte, reflektierte und realistische Berufsorientierung von Schülern schaffen. (vgl. Staden (2014), 26ff.). Der Prozess des Übergangs von der Schule in Beruf/Ausbildung soll strukturiert werden und den SuS einen eigenverantwortlichen und selbstständigen Zukunftsweg eröffnen. Durch die Arbeit mit dem Berufswahlpass erlangen die Schüler eine berufliche Orientierungskompetenz, indem sie ihre Stärken und Interessen bilanzieren und berufliche Wege schrittweise planen und steuern können. Durch die dokumentierten Materialien haben SuS jederzeit die Möglichkeit, Ziele und Planungsprozesse nachzuschlagen und sich zu vergegenwärtigen. Zudem bietet er die Möglichkeit, außerschulische Leistungen zu dokumentieren. Demnach können beispielsweise auch Erfahrungen und Zeugnisse aus Praktika oder ehrenamtlichen Tätigkeiten aufgenommen werden. Auch für bildungsfernere Zielgruppen ermöglichen Entwicklungs- und Planungsinstrumente die Strukturierung der individuellen Lebensplanung. (vgl. Lumpe 2003, 1f.)

Die **Jobmappe NRW** greift ebenfalls eingehend individuelle Interessen, berufliche Vorstellungen, Kompetenzen und Fähigkeiten der SuS auf. Diese werden in Zielvereinbarungen gemeinsam mit der jeweiligen Lehrkraft auf Grundlage der zuvor gesammelten und reflektierten Daten und Materialien der SuS beschrieben und dokumentiert. Um berufliche Perspektiven und Ziele reflektieren zu können, haben die SuS die Möglichkeit, im Element „Beruf" vielfältige Informationen zu ihren gewünschten Ausbildungsberufen zu sammeln und sich dort zu orientieren. Dieses Element ist nicht durch Arbeitsblätter gefüllt, sondern SuS sollen hier je nach ihren Zielvereinbarungen, Stärken, Interessen oder Kompetenzen das Element mit passenden, realistischen beruflichen Bildern befüllen, was sich je nach individueller Voraussetzung unterschiedlich entwickeln kann und deshalb eigenständig und in eigener Verantwortung während des Prozesses befüllt werden sollte. SuS werden auf diesem Wege dazu angeleitet, ihren beruflichen Werdegang eigenverantwortlich zu planen und zu gestalten. Ein Vorteil hierbei ist, dass das Element jederzeit bearbeitbar bleibt, da sich Wünsche, Neigungen und berufliche Perspektiven, auch kurzfristig, ändern könnten.

Auch Nachweise über zusätzliche Qualifizierungen oder Praktika können hier hinzugefügt werden. Nachdem sich die SuS intensiv mit den individuell passenden Berufsfeldern auseinandergesetzt, ihre Stärken bilanziert und Ausbildungsverläufe- und Bausteine erfasst und für sich systematisieren haben, können sie ihre Bewerbungsunterlagen erstellen und sich auf den Ausbildungsprozess vorbereiten. Dokumentierte Leistungen und Inhalte sollen selbstständig gesammelt und gezielt für eine Bewerbung zusammengestellt werden. Ausgangsvoraussetzungen können hier reflektiert werden und um das persönliche Profil zu stärken. Dieses Profil soll von den SuS überdacht und bestmöglich innerhalb der Bewerbung präsentiert werden. Alle gesammelten Bescheinigungen, Zeugnisse und Leistungen können auch auf dem USB-Stick gesammelt und systematisiert werden. Dieser kann für Unternehmen als Bewerbung zur Verfügung gestellt werden. Auch negative Erfahrungen innerhalb des Bewerbungsprozesses könnten hier festgehalten und für Reflexionen genutzt werden, um den Bewerbungsvorgang und die damit einhergehenden Kompetenzen zu verbessern. Der gesamte anstehende Bewerbungsprozess soll damit vorbereitet und organisiert werden und der Nutzer einen Einfluss der individuellen Reflexion hinsichtlich des eigenen Entwicklungsprozesses erhalten. Die Jobmappe NRW bietet demnach eine Unterstützung, um reflektierte realistische Berufswahlentscheidungen treffen zu können und um Perspektiven eigenständig aufgrund seiner Stärken zu eröffnen und sich systematisch auf den Bewerbungsprozess vorzubereiten zu können. Die berufliche Orientierung wird hierbei als ganzheitlicher Prozess verstanden, in dem die Jobmappe NRW einen bestimmten Part übernehmen kann (vgl. G.I.B. NRW (2014), 14)

Der **eProfilPASS** greift ebenfalls zunächst die biografischen Determinanten und Lebenswelten der SuS auf und versucht anhand dessen Stärken und Kompetenzen abzuleiten und zu vergegenwärtigen, jedoch scheint dies eher ein Konzept zu sein, das die Zielsetzung hat, sich primär auf den Aufbau eines eigenen Kompetenzprofils zu fokussieren, denn hierbei steht nicht primär der berufsorientierende Charakter im Vordergrund, sondern die Kompetenzbilanzierung. Hier findet die Auseinandersetzung mit dem eigentlichen Berufswünschen erst am Ende des E-Portfolios (Meine Ziele) statt. SuS sollen demnach erst einmal ein Bewusstsein für die individuelle Lebensgestaltung entwickeln, um dann geeignete Berufsbilder für sich auszumachen. Im abschließenden Element „Meine Ziele" erhalten die SuS die Möglichkeit, ihre individuellen Ziele zu konkretisieren. Hierbei könnten sie unter anderem spezielle Berufe reflektieren.

Auch hier sollte die Grundlage die individuelle Lebenswelt sein. Beispielsweise können gezielte Fragestellungen hinsichtlich des beruflichen Alltags der Eltern oder von Freunden gestellt werden. Solche Übungen könnten zielführend für die Erschaffung von Berufsbildern sein sowie strukturierte berufliche Tagesabläufe aufzeigen (vgl. Seidel et al. (2014), 58) Diese Erfahrungen und Informationen können mit der individuellen Kompetenzbilanz abgeglichen und berufliche Perspektiven und Ziele konkretisiert werden. Das Produkt aus diesem Konzept, das erstellte persönliche eProfil, bietet ein gewisses Potenzial für weitere Beratungs- sowie Feedbackgespräche und könnte interessante Ansätze dafür bieten, SuS für die weitere berufliche Perspektivplanung zu motivieren.

Der Grundsatz beim eProfilPASS ist die Ergebnisoffenheit. Deshalb werden keine formulierten Anforderungen im Vorfeld an das System gestellt, sondern die SuS sollen über die Ermittlung von Kompetenzen und Fähigkeiten ihre persönliche Ausprägung zum Ausdruck bringen und frei entfalten. (vgl. Seidel et al. (2014), 33) Der eProfilPASS bietet jedoch Modifizierungsmöglichkeiten hinsichtlich des Anwendungszeckes. Bestimmte Elemente könnten mit weiteren Elementen und Aufgaben bestückt werden, die zu einer beruflichen Orientierung führen könnten. Beispielsweise könnten Übungen und Informationsrecherchen zu „Meinem Wunschberuf" implementiert werden, die von den SuS eigenständig bearbeitet werden sollten. (vgl. Seidel et al. (2014), 59) Daher bietet dieses Konzept, meiner Einschätzung nach, nur begrenzt die Möglichkeit eines ganzheitlichen Entscheidungsprozesses. Unterlagen für Bewerbungsgespräche könnten zwar gesammelt und dokumentiert werden, die Erstellung einer konkreten Bewerbungsmappe ist jedoch kein primärer Bestandteil des Portfolios, sondern müsste konkret im Nachgang unterstützt werden. Grundkompetenzen zur beruflichen Orientierung werden somit gefördert und vermittelt, konkrete Bewerbungsvorbereitungen sind hierbei jedoch kein primärer Bestandteil.

8.2.2 Bewertung der Konzepte

Bei den Beratungskonzepten bieten alle drei Konzepte unterschiedliche Herangehensweisen an.

Der Berufswahlpass bietet eine gute Möglichkeit, erste Erfahrungen hinsichtlich der eigenen Kompetenzen zu machen und erste berufliche Orientierungen und Perspektiven zu entwickeln. Informationsmaterial und gezielte Übungen können hierbei Berufsfelder und allgemeine Informationen über Ausbildungsmärkte vorstellen und erstmals vergegenwärtigen. Kompetenzen und berufliche Wünsche können abgeglichen und in individuelle berufliche Ziele überführt werden.

Der eProfilPASS hingegen konzentriert sich zunehmend auf die Erstellung der individuellen Kompetenzbilanz und versucht dadurch berufliche Interessen und individuelle Voraussetzungen in eine berufliche Perspektive zu überführen.

Die gesammelten berufs- und ausbildungsbezogenen Dokumente schaffen zudem eine Grundlage für berufliche Beratungsgespräche und Perspektivgespräche in allen drei Konzepten. Der eProfilPASS hingegen bietet eine weitergehende Beratung an, die in Form von diversen Kursen und Coachings stattfinden. Hierbei ist jedoch die Frage zu klären, inwieweit dieses Angebot speziell für die Zielgruppe der Ausbildungsvorbereitung genutzt werden kann.

Ein ganzheitlicher Ansatz wird jedoch nur bei der Jobmappe gefahren. Kompetenzen sollen bilanziert sowie berufliche Bilder erkundet und an die (eigenen) Kompetenzen assimiliert werden. Bewerbungsvorbereitende Prozesse werden gemeinschaftlich koordiniert sowie organisiert und aufgearbeitet.

Im Ergebnis können also grundsätzlich alle Konzepte für eine berufliche Orientierung angewendet werden. Hierbei sollte beachtet werden, welchen Zweck das E-Portfolio für die jeweilige Zielgruppe primär erfüllen soll. Es findet am Ende des Berufswahlprozesses keine Bewertung in Form einer Note statt. Hier findet eine Perspektivenvermittlung bzw. beruflichen Orientierung statt. Lernprozesse, Kompetenzen und Fähigkeiten sollen aufgebaut und vergegenwärtigt werden. Dies könnte in Form eines Abschlussgesprächs oder regelmäßiger Feedbackgespräche auf Grundlage der Dokumentationen erfolgen. Für die berufliche Orientierung sehe ich die Jobmappe NRW am Empfehlenswertesten, da dort der gesamte berufliche Orientierungsprozess begleitet wird. Von der Kompetenzbilanzierung bis hin zur Bewerbungsvorbereitung und -organisation können SuS durchgehend Unterstützung erhalten. Durch die Anreize, schrittweise die individuellen beruflichen Ziele selbstständig zu erarbeiten und zu strukturieren, können SuS eine Berufswahlkompetenz aufbauen und lernen, eigenverantwortlich ihre beruflichen Ziele planen. Aufgrund der Lernvoraussetzungen kann dies jedoch nur in einem strukturierten und nacheinander aufbauenden Prozess geschehen. Diese Voraussetzungen erfüllt zurzeit die Jobmappe NRW am besten umsetzt.

8.3 Sozialkompetenz

8.3.1 Untersuchung der Konzepte

Sozialkompetenz kann durch den **Berufswahlpass online** vermittelt werden. Neben dem Selbstbeurteilen sollen Reflexionen zukünftig auch über Fremdbeurteilungen erfolgen. Durch den Dialog mit den Mitschülern oder der Lehrkraft können soziale Kompetenzen vermittelt werden. Zunächst einmal können Aufgaben auch in Gruppenarbeit angefertigt oder bearbeitet werden, wodurch Fähigkeiten wie Teamwork oder interkulturelle Kompetenzen vermittelt werden können, denn die SuS werden innerhalb der Gruppen dazu verleitet, sich mit anderen Meinungen oder anderen kulturellen Sichtweisen auseinanderzusetzen sowie innerhalb der Gruppe bestimmte Rollen einzunehmen und zu erfahren. Kompromisse müssen zusammen erarbeitet und gegebenenfalls präsentiert und dokumentiert werden.

Darüber hinaus bietet das finale Produkt des Berufswahlpasses die Chance, sich wieder gesellschaftlich zu integrieren und einen passenden Übergang zwischen Schule und Beruf zu gestalten. Durch die angedachte Implementierung von Fremdbeurteilungen und Beratungsgesprächen können SuS hinsichtlich ihrer Kritikfähigkeitskompetenz neue Erfahrungen sammeln und diese verbessern und sie werden durch die Möglichkeit der Fremdbeurteilungen sozial sensibilisiert. SuS könnten dazu befähigt werden, sich in andere Personen hineinzuversetzen und zu bewerten sowie persönliche Meinungen zu formulieren. Dazu gehören Umgangsformen und auch kommunikative Kompetenzen, die somit die Sozialkompetenz stärken und bereichern könnten. Durch die elektronische Variante und den damit verbundenen Einsatz der digitalen Medien lernen SuS darüber hinaus Verhaltensregeln und den Umgang mit „Social Media- Umgebungen" kennen. Veröffentlichungs- und Kommentierungsfunktionen von individuellen Leistungen bringen den Vorteil mit, dass sie Diskussionen, Fremdbeurteilungen und eigene Reflexionen anregen, sie können aber beispielsweise bei falschem Umgang und fehlenden passenden digitalen Kommunikationsregeln in die falsche Richtung führen. Diese müssen vorher vermittelt werden, um auch soziale Kompetenzen innerhalb der elektronischen Welt aufbauen zu können.

Zudem bietet der Rollentausch innerhalb des Berufswahlpasses die Möglichkeit, neue gesellschaftliche Rollen zu erfahren. Hilfe und Kritik annehmen zu können, gehört hierbei als Bestandteil dazu. SuS wird die Möglichkeit vergegenwärtigt, Hilfe und Unterstützung anzunehmen und sich in Form von Fremdbeurteilungen Kritik zu stellen und Beratung anzunehmen. Die Möglichkeit, individuelle Zugriffberechtigungen zu erhalten, die dazu befähigen, die Leistungen und Dokumentationen eines Mitschülers einzusehen, kann Vertrauen generieren. Datenschutz und Vertrauen spielen hierbei eine wichtige Rolle, die respektiert und geachtet werden muss. Nur so können hier Vertrauensverhältnisse aufgebaut werden, die den individuellen sozialen Charakter teilweise prägen und weiterentwickeln könnten.

Ebenso verhält sich die Vermittlung der sozialen Kompetenzen bei den Konzepten der **Jobmappe NRW** und des **eProfilPASS**es. Übungen können implementiert werden und in kooperativer Weise bearbeitet werden. Auch Fremd- und Selbstbeurteilungen sind integrativer Bestandteil der Prozesse und sollen regelmäßig vollzogen werden. Hierbei können Normen, Werte sowie gemeinschaftliche Umgangsregeln definiert und vermittelt werden. Beide Konzepte bieten hier jedoch nur eine begrenzte Implementierung digitaler Medien. Lediglich der eProfilPASS bietet eine Nachrichtenfunktion, die es SuS erlaubt, privaten Kontakt mit ihrer Lehrkraft aufzunehmen. Für introvertierte oder zurückhaltende SuS ergibt sich dadurch die Möglichkeit, auch anderweitig persönlichen Kontakt zu Lehrkräften aufzunehmen. Bei der Jobmappe NRW hingegen bieten sich nur eingesetzte kooperative Formen zur Erfahrung von sozialen Kompetenzen. Ein wichtiger Bestandteil der Jobmappe NRW ist jedoch die verbindliche Zielvereinbarung. SuS unterschreiben dabei einen gemeinschaftlichen Vertrag mit der Lehrkraft, der sie dazu verpflichtet, bestimmte Zielvereinbarungen zu erfüllen. Dabei wird das wirkliche „Wollen" der SuS verschriftlich. Dies eröffnet die Chance Sozialkompetenz zu fördern, da ein Vertrauensverhältnis aufgebaut wird, welches im Idealfall von keiner Seite gebrochen wird. SuS könnten so zusätzlich motiviert werden, schulische Fehlzeiten zu vermeiden und an ihrer Kontinuität und Zuverlässigkeit zu arbeiten. Die Möglichkeit der Fremd- und Selbstbeurteilung kann auch hier die Dialogfähigkeit und den Umgang miteinander fördern. Ebenso können beim eProfilPASS Verfügbarkeitsrechte vergeben werden, die einen vertrauensbildenden Charakter haben.

8.3.2 Bewertung der Konzepte

Die soziale Kompetenzentwicklung findet meiner Einschätzung nach bei allen drei Konzepten statt. Kooperative Formen der Bearbeitung sowie der Beratung können gewählt und so gezielt Werte, Normen und Regeln vermittelt werden.

Auch durch Fremdbeurteilungen könnten Kritikfähigkeit und gesellschaftliche Sensibilisierungen gefördert werden. Die elektronische Version des Berufswahlpasses geht dabei noch einen Schritt weiter und kann durch Social Media-Funktionen (veröffentlichen, kommentieren, bewerten) auch alltägliche digitale Umgangsformen prägend vermitteln. Hierbei sehe ich einen Vorteil der elektronischen Umsetzungen, da mediale und digitale Kommunikation immer wichtiger werden und im alltäglichen Gebrauch (Facebook etc.) einen hohen Stellenwert einnehmen. Auch hier müssen soziale Werte und Normen berücksichtigt werden und SuS für eine respektvolle Kommunikation sensibilisiert werden. Die Jobmappe NRW kann dies nicht vermitteln, der eProfilPASS nur begrenzt. Die Jobmappe NRW hat jedoch die Möglichkeit verpflichtende Zielvereinbarungen abzuschließen. Dies könnte ein Vertrauensverhältnis aufbauen und könnte SuS dazu bewegen zuverlässig, pünktlich und kontinuierlich (an sich) zu arbeiten, um der Zielvereinbarung gerecht zu werden.

Verhaltensgestörte oder tiefere soziale Probleme können durch diese Konzepte nicht aufgegriffen werden. Jedes Konzept versucht, verschiedenartige soziale Kompetenzen anzusprechen und begleitend zu fördern. Schwerwiegendere persönliche Defizite können sie jedoch nicht aufarbeiten, denn hierfür müsste man speziell auf Sozialpädagogen zurückgreifen oder gezielte (andere) Methoden einsetzen. Der wichtigste Aspekt ist die Offenheit der Zielgruppe gegenüber dem sozialen Kompetenzaufbau. Dabei muss stets berücksichtigt werden, dass verschiedene Kulturen verschiedene Norm- und Wertvorstellungen mitbringen. Ein interkultureller Austausch in Form von aufkommenden Diskussionen oder kooperativen Formen der Portfolioarbeit kann durch alle drei Konzepte grundsätzlich erreicht werden. SuS müssten sich jedoch dahingehend öffnen können und ein Gefühl für unterschiedliche Perspektiven entwickeln. Durch den Austausch untereinander und durch die Präsentation der eigenen Lernprodukte könnten ein Perspektivwechsel und neue Erfahrungen hinsichtlich anderer kultureller Normen und Werte vermittelt werden. Aufgrund der kulturellen Heterogenität könnten aber gezielte Übungen und soziale Individualisierungen innerhalb der Konzepte schwer umsetzbar sein.

8.4 Fach- und Methodenkompetenz

8.4.1 Untersuchung der Konzepte

Bezogen auf die fachlichen Kompetenzen zeigt der **Berufswahlpass online** nur begrenzte Möglichkeiten. Fachliche Kenntnisse können nur vermittelt werden, wenn der Fokus bei der Informationsgenerierung über Berufsfelder zunehmend auf berufliche Prozesse und Wissensaspekte fokussiert wird. Das Augenmerk steht bei diesem Konzept aber eher im Sinne der ersten berufsfeldbezogenen Erkundung und soll den SuS keine fachlichen Kenntnisse vermitteln, um damit berufsbezogene Prozesse eigenständig lösen zu können. Allgemeine Kenntnisse hinsichtlich Grundrechenarten oder Rechtschreibung könnten parallel zum Berufswahlpass in den passenden Fächern gefördert werden. Einige Schnittstellen, wie beispielsweise das Fach Deutsch, könnten die Vermittlung von gezielten fachlichen Kompetenzen hinsichtlich der Formulierung eines Bewerbungsschreibens anbieten. Die Vermittlung dieser Kenntnisse erfolgt demnach nicht über die Portfolioarbeit direkt. Jedoch können durch die elektronische Lernumgebung fachliche Kompetenzen hinsichtlich des medialen und technischen Arbeitens gelehrt werden. Diese kann nur eine erste Einsicht in berufliche Prozesse bieten oder fachliche Kompetenzen hinsichtlich der Erstellung und Systematisierung einer aussagekräftigen Bewerbung vermitteln. Dies geschieht dann in der Dokumentation, da dort aussagekräftige Dokumente, Materialien und Kompetenzen gesammelt werden, um eine aussagekräftige Bewerbung erstellen zu können.

Methodische Kompetenzen können innerhalb des Berufswahlpasses gefördert werden. Einerseits das selbstregulierende Lernen, andererseits Reflexionsverfahren in Form der Selbst- und der Fremdreflexion. Ziel ist es, dass die SuS kontinuierlich mit dem Berufswahlpass arbeiten und die Aufträge eigenständig bearbeiten. Der Berufswahlpass muss dementsprechend durch die Lehrkraft so konzipiert werden, dass die SuS selbstständig arbeiten können. Diese erhalten durch die Aufgaben und die Struktur einen roten Faden, der sie durch den Prozess begleitet. Innerhalb der einzelnen Aufgaben und Übungen sollen die SuS selbstständig die Arbeitsaufträge bearbeiten und eigene Entscheidungen treffen. Selbstregulation findet hierbei schrittweise statt. Aufgrund der Voraussetzungen der Zielgruppe geschieht eine Annäherung hier schrittweise und in einem prozessualen Charakter. Zunächst ist die Selbstregulierung des Lernens abhängig von externer Hilfe. Unter Anweisung und Unterstützung bearbeiten die SuS die Übungen und Lehrkräfte die einzelnen Komponenten des E-Portfolios und versuchen dadurch metakognitive Prozesse zu initiieren, damit diese über ihr Lernen nachdenken und reflektieren können. Kognitive Strategien können durch die elektronische Lernumgebung vermittelt werden. Strukturierungsprozesse können mit Hilfe von Strukturierungshilfen oder „Tagging-Funktionen" (Stichwortverzeichnis) angeleitet werden.

Die wiederholende Systematisierung und Strukturierung bei der Dokumentation der Leistungen könnte SuS hierbei kognitive Strategien vorleben und reflektierbar machen. Auch die Regulation der Lernprozesse kann durch die dauerhafte Überwachung der persönlichen Ziele gewährleistet werden. SuS haben uneingeschränkten Zugang zu ihren bisherigen Leistungen und können jederzeit Lernfortschritte visualisieren und die damit verbundenen Erfahrungen reflektieren und bewerten. So kann ein kontinuierlicher Lernzuwachs vergegenwärtigt und ausgebaut werden. Checklisten und individuelle Zielvereinbarungen können gemeinsam erstellt werden, dienen zusätzlich als Orientierungshilfe und können SuS schrittweise, mit der Unterstützung der Lehrkraft, die Selbstregulation ermöglichen. Hier können sie erstmals individuelle Ziele gestalten und Ressourcen definieren und versuchen ihre Interessen zu verwirklichen.

Die Konzipierung und die Erstellung der methodischen Inhalte werden damit durch die Lehrkraft vorgegeben. Erledigte Aufgaben und Übungen können im Nachgang reflektiert und Vorgehensweisen erneut angewendet werden, um diese stetig verbessern und anwenden zu können. Strukturierte Vorgehensweisen können damit erfahrbar gemacht und vermittelt werden. Reflexionen in Form von Selbst- und Fremdreflexionen sind ebenso ein wichtiger Bestandteil des Berufswahlpasses. SuS lernen sich durch den Einsatz von Selbstreflexionen selber kennen und können dadurch ihr Selbstbild vergegenwärtigen. Fremdreflexionen sind ebenfalls anwendbar, wenn Mitschüler eingeschätzt werden. Mit dem Berufswahlpass lernen sie diese methodischen Vorgehensweisen, inklusive der Strukturierung von Lernprozessen. durch die Bearbeitungen schrittweise. Auch das private Umfeld kann durch die Konzepte eingebunden werden. So kann durch die separate Elternkarte des Berufswahlpasses das private Umfeld einbinden und informieren. Diese ist zudem in vielfältigen Sprachen verfügbar und gibt gezielte Auskunft über die Inhalte, Elemente und Aufgaben des Berufswahlpasses. Dabei könnten Schüler weitere Fremdreflexionen erhalten, die aus ihrem privaten Umfeld stammen. Dies setzt natürlich voraus, dass das Umfeld ein Interesse für das Konzept entwickelt.

Auch die **Jobmappe NRW** kann dies in kleinerem Rahmen leisten. Geringe fachliche IT Kenntnisse sind notwendig, um beispielsweise mit dem USB-Stick arbeiten oder Bearbeitungsprogramme (Excel, Word, etc.) bedienen zu können. Fachliche Kompetenzen hinsichtlich des Basiskompetenzerwerbs könnten jedoch auch hier fächerübergreifend implementiert werden und stellen demnach auch hier einen Aspekt dar, der stärker in die E- Portfolioarbeit eingebunden werden könnte.

Die Jobmappe NRW bietet ebenso Elemente an, die das selbstreguliertes Lernen und die Reflexion fördern können. SuS sollen auch hier eigenverantwortlich die Elemente bearbeiten, zunächst jedoch auch schrittweise mit Unterstützung der

Lehrkräfte. Der Einstieg in die Bearbeitung der Elemente gestaltet sich zielgruppen- und lebensweltnah. Dies kann hier beispielsweise durch Leitfragen oder anderweitige methodischen Interventionen realisiert werden. Durch die kontinuierliche Anwendung des Portfolios können sich SuS schrittweise an eine selbstregulierte Lernweise annähern. Sich wiederholende Systematisierungs- und Strukturierungsprozesse können durch die Verwendung des Ordners oder des USB-Sticks annäherungsweise vermittelt werden. Hierbei zeigt sich jedoch der Nachteil der papiergebundenen Version, dass keine elektronische Lernumgebung vorhanden ist, die Funktionen oder Verfahrensweisen anbietet, die SuS unterstützt und zeigt, wie Dokumente und Materialien effizient systematisiert und strukturiert werden. Die Strukturierung der Bewerbungsunterlagen kann hierbei SuS helfen, Strategien und Vorgehensweisen auszumachen, die für sie bei weiteren Bewerbungsverfahren förderlich sein könnten. Dies wird hier nicht erleichtert, sondern muss weiterhin manuell durch das einheften und sortieren der Unterlagen in den Ordner oder den beiliegenden USB-Stick geschehen.

Durch Reflexion der Bearbeitungsweisen und der Vergegenwärtigung der bereits bearbeiteten Elemente kann hierbei ein schrittweise selbstreguliertes Lernen angeregt werden. SuS werden dazu angeleitet, während des gesamten Konzepts eigenverantwortlich ihre berufliche Planung zu konzipieren und eigenverantwortliche Entscheidungen zu treffen. Besonders durch das Setzen von Meilensteinen und der getroffenen Zielvereinbarungen haben sie jederzeit die Möglichkeit, ihre Leistungen zu reflektieren und weitere Schritte eigenverantwortlich zu planen. Die Zielvereinbarungen sind hierbei ein verbindlicher Vertrag zwischen Lehrkraft und Schüler, der eine intensive Beschäftigung mit der Auswahl der individuellen Ziele voraussetzt. Reflexionen sind dabei eine allgegenwärtige Methode, die dazu benötigt wird, Lernfortschritte erkennbar zu machen. Die kontinuierliche Anwendung kann die methodische Vorgehensweise verinnerlichen.

Der **eProfilPASS** lässt die SuS ebenfalls eigene Verantwortung übernehmen. Strukturell und inhaltlich findet dies in Anlehnung an die beiden anderen Konzepte statt. Schrittweise soll ein Gefühl des selbstregulierten Lernens suggeriert werden und unter Anwendung von Selbst- und Fremdreflexionen und anderweitigen methodischen Interventionen verinnerlicht werden. Durch erfolgreiche Bearbeitungen können Erfolge und Erkenntnisse reflektiert werden. Reflexionen und eigenverantwortliche Lernprozesse müssen auch hier aufgrund der Zielgruppe zunächst begleitet und in reduzierter Form dargeboten werden. Die elektronische Lernumgebung bietet wiederrum Unterstützung, um kognitive Strategien vereinfacht darzustellen und anwendbar zu machen. Die beiden elektronischen Formen des Portfolios haben zudem die Möglichkeit, neue Bearbeitungselemente erst dann freizugeben, wenn alle erforderlichen Übungen und Arbeitsschritte der vorhergehenden Elemente bearbeitet wurden. Damit könnte eine schrittweise und prozessorientierte Bearbeitungsweise gewährleistet werden. Dies könnte einen kontinuierlichen Lernprozess der SuS fördern.

Der eProfilPASS und die Jobmappe NRW könnten eine Schnittstelle zum privaten Umfeld eröffnen. Veröffentlichungsfunktionen ermöglichen im privaten Umfeld Fremdbeurteilungen. Erfolge und Leistungen können auch diesem präsentiert werden. Auch gemeinschaftliche Beratungs- und Fördergespräche sind denkbar, wenn dies der personelle und organisatorische Rahmen zulassen sollte.

8.5 Bewertung der Konzepte

Die fachlichen Kompetenzen hinsichtlich beruflicher Fachkenntnisse können durch Modifizierungen und Schwerpunktlegungen der einzelnen Elemente und Übungen zwar oberflächlich vermittelt werden, werden der grundsätzlichen Idee der Konzepte nicht gerecht. Alle Konzepte können fachliche Kenntnisse hinsichtlich der IT-Anwendungen vermitteln und fördern. Diese müssen innerhalb der Konzepte genutzt werden, um eine E-Portfolioarbeit gewährleisten zu können. Der Berufswahlpass und der eProfilPASS können darüber hinaus kognitive Kompetenzen wie beispielsweise Strukturierungsprozesse visualisieren und SuS dabei unterstützen, solche Prozesse nachzuvollziehen und zu verinnerlichen. In deren digitalen Lernumgebung kann zusätzlich mediales Fachwissen vermittelt werden, was bei der Jobmappe NRW nicht erreicht werden kann. Die Jobmappe NRW hingegen bietet den SuS verbindliche Zielvereinbarungen an, die eine Selbstreflexion und selbstregulierende Effekte jederzeit kontrollierbar und zugreifbar machen können. Da dies einen verpflichtenden Charakter hat, könnte hier die Motivation erhöht werden. Selbstregulierung und Reflexionsprozesse werden in allen Konzepten aufgegriffen. Aufgrund der Zielgruppe und ihren heterogenen Voraussetzungen können diese schrittweise unter externer Hilfestellung verinnerlicht und erprobt werden. Hierbei bieten die Konzepte gleichermaßen ein Hilfsmittel an, zielgruppenorientiert zu unterstützen und methodische Kenntnisse und Verfahrensweisen erfahrbar und umsetzbar zu machen.

8.6 Ergebnisübersicht & Schlussfolgerung

Im Ergebnis der Untersuchung der einzelnen E-Portfolios anhand der vier Kriterien lässt sich die folgende Ergebnisübersicht darstellen:

	Berufswahlpass online	Jobmappe NRW	eProfilPASS
Technische Umsetzung	***	*	**
Berufliche Orientierung	**	***	*
Sozialkompetenz	***	**	**
Fach- und Methodenkompetenz	**	**	**

* = eingeschränkt erfüllt; ** = erfüllt; ***= in hohem Maße erfüllt

Als Schlussfolgerung aus dieser Untersuchung lässt sich festhalten, dass alle drei Konzepte gute Instrumentarien für die Zielgruppe darstellen, jedoch unterschiedliche Ziele hinsichtlich des finalen Produktes aufweisen und diese Ziele in unterschiedlicher Qualität umsetzen.

Der **Berufswahlpass online** soll nicht zu einer konkreten Hochglanzbewerbung führen, sondern primär eine erste berufliche Orientierung auf Grundlage individueller Voraussetzungen bieten. Formen des Entwicklungsportfolios, als auch die des Beurteilungs- und Präsentationsportfolios lassen sich hierbei wiederfinden. Aufgrund der benannten Zielgruppe eignet sich der Berufswahlpass für die SEK II meiner Ansicht nach weniger, da dort der Fokus eher auf Abiturienten oder leistungsstärkeren Zielgruppen liegt. Die Voraussetzungen zur Bearbeitung der Inhalte entsprechen nicht den Voraussetzungen der ausbildungsvorbereitenden Bildungsgänge und verfehlen zudem die grundsätzlichen curricularen Ziele dieser.

Die **Jobmappe NRW** ist ebenfalls ein exzellent funktionierendes und ganzheitliches Konzept, das insbesondere der Bewerbungsvorbereitung dient. Leider weist sie einige Schwächen in der technischen Umsetzung auf, da es im Kern ein klassisches Portfolio mit einer elektronischen Unterstützung in Form eines USB-

Sticks ist. Dadurch fehlen zentrale Elemente eines E-Portfolios wie zum Beispiel ein Dashboard, das digitale Speichermedium und die weiteren digitalen Medien. Sollte es gelingen, die Jobmappe NRW noch weiter zu digitalisieren, dann würde dies die Qualität dieses Konzeptes auf ein deutlich höheres Niveau heben und man könnte es weitreichender verwenden.

Der **eProfilPASS** eignet sich sehr gut zur Potenzialanalyse. Auch die Einbettung in eine elektronische Lernumgebung ist gelungen, wenn auch nicht so exzellent wie beim Berufswahlpass. Der größte Schwachpunkt dieses Konzepts ist, dass die Ergebnisse am Ende nicht direkt in eine Bewerbung münden, sondern man lediglich zum Abschluss ein persönliches Profil erhält. Ein weiterer großer Nachteil ist, dass die Lehrkräfte eine Ausbildung zum eProfil-Berater machen müssen, was Geld und Zeit kostet.

Meiner Einschätzung nach müsste ein Konzept entwickelt werden, das alle Vorteile der drei Konzepte vereint und diese in eine digitale Form übersetzt. Projekte wurden bereits konzipiert, die die Vorteile und Ideen des Berufswahlpasses mit denen anderer E-Portfolio Konzepte verknüpfen sollen. Beispielsweise könnte der Berufswahlpass in den eProfilPASS überführt werden, so dass die Grunddaten in diesem integriert und genutzt werden. Auch die Jobmappe NRW weist Parallelen zum Berufswahlpass auf, die überführt und intensiviert werden können. Arbeitsblätter können mittlerweile schon für beide Konzepte verwendet werden. (vgl. G.I.B. NRW (2014), 5) Hierbei wurden bereits Überlegungen getätigt, den Berufswahlpass in die Jobmappe überführbar zu machen. (vgl. G.I.B. NRW (2014), 46f.)

9 Fazit

Ein Allheilmittel zur Bewältigung aller Defizite und curricularen Vorgaben der Zielgruppe können die drei dargestellten E-Portfolios nicht bieten. Sie können jedoch eine große Bandbreite abdecken. Besonders die Defizite der Zielgruppe hinsichtlich der individuellen Lebensumstände und der beruflichen Orientierung können durch eine erfolgreiche E-Portfolioarbeit aufgehoben werden. Sie bieten Aspekte zur Förderung und Entwicklung der Persönlichkeit und der Sozialkompetenz. Somit kann die E-Portfolioarbeit grundsätzlich eine Methode darstellen, um grundsätzliche curriculare Ziele in einem ganzheitlichen Prozess zu involvieren.

Der Erfolg der E-Portfolioarbeit kann jedoch niemandem aufgezwungen werden. Grundvoraussetzung ist die intrinsische Bereitschaft der SuS, sich mit den E-Portfolios auseinanderzusetzen und kontinuierlich daran zu arbeiten. Aufgrund der Tatsache, dass sich große Teile der Zielgruppe in tendenziell problematischen Lebensumständen befinden, sind diese Grundvoraussetzungen oftmals leider nicht gegeben. Wichtig daher sind ein niedrigschwelliger Einstieg und eine regelmäßige Kontrolle und Betreuung durch die Lehrkraft.

E-Portfolios können daher immer nur ein Baustein zur persönlichen Entwicklung der SuS in der Zielgruppe dienen. Ergänzend hierzu sind weitere Maßnahmen erforderlich, die die Individuen dazu bewegt, eigenverantwortlich und reflektiert ihr eigenes Schicksal in die Hand zu nehmen und viel Zeit und viel Mühe in ihre Bildung zu investieren. Sollte es gelingen, diese Grundvoraussetzungen zu schaffen, dann ist die Methode des E-Portfolios durchaus ein geeignetes Mittel, um die persönliche Entwicklung der SuS in diese Zielgruppe zu fördern.

10 Literaturverzeichnis

Baethge, M./Baethge-Kinsky, V. (2012): Zu Situation und Perspektiven der Ausbildungsvorbereitung von Jugendlichen mit besonderem Förderbedarf in NRW. Eine explorative Studie an ausgewählten Berufskollegs. http://www.sofi-goettingen.de/fileadmin/Volker_Baethge_Kinsky/Material/abschlussbericht-ausbildungsvorbereitung.pdf, Stand: 03.11.2015.

Baumgartner, P./ Himpsl, K./ Zauchner S. (2006): Einsatz von E-Portfolios an (österreichischen) Hochschulen: Zusammenfassung. http://peter.baumgartner.name/wp-content/uploads/2013/08/Baumgartner_etal_2009_Einsatz-von-E-Portfolios-Zusammenfassung.pdf, Stand: 03.11.2015.

BIBB (2012a): Datenreport 2012. Schwerpunktthema: Übergänge von der Schule in die Ausbildung. https://datenreport.bibb.de/html/4652.htm, Stand: 03.11.2015.

BIBB (2009): Datenreport 2009. Indikatoren zur beruflichen Ausbildung. http://datenreport.bibb.de/html/75.htm, Stand: 03.11.2015.

BMBF (2005): Berufliche Qualifizierung Jugendlicher mit besonderem Förderbedarf. Benachteiligtenförderung. http://www.bibb.de/dokumente/pdf/berufliche_qualifizierung_jugendlicher.pdf, Stand: 03.11.2015.

Boekaerts, M. (1999): Self-regulated learing: Where we are today. In: International Journal of Educational Research, 31, S.445-457.

Bundesarbeitsgemeinschaft Berufswahlpass (2012): Handreichung zum Berufswahlpass. http://www.berufswahlpass.de/fileadmin/user_upload/pdf/Handreichung.pdf, Stand: 03.11.2015.

Casper-Kroll, T. (2011): Berufsvorbereitung aus entwicklungspsychologischer Perspektive. Theorie, Empirie und Praxis. o.O.: VS Verlag für Sozialwissenschaften/Springer Fachmedien Wiesbaden GmbH 2011.

Czerwionka, T./ Knutzen, S./ Bieler, D. (2010): Mit ePortfolios selbstgesteuert lernen. Ein Ansatz zur Reflexionsförderung im Rahmen eines hochschulweiten ePortfoliosystems. In: Zeitschrift für Theorie und Praxis der Medienbildung. Themenheft Nr. 18.

http://www.medienpaed.com/globalassets/medienpaed/18/czerwionka1003.pdf, Stand: 03.11.2015.

Fink, M. C. (2010). ePortfolio und selbstreflexives Lernen. Studien zur Förderung von Reflexivität im Unterricht. Baltmannsweiler: Schneider Verlag Hohengehren.

Frehe, P./Kremer, H.-H. (2014): Die Rollenbasierte Kompetenzbilanz. Stärken aufnehmen – Kompetenzen entwickeln- Übergänge eröffnen. Handreichung für Lehrende. o.O.: cevet.

G.I.B. NRW (2014): Die Jobmappe NRW. Ein Portfolioinstrument zur individuellen Förderung in der Berufsvorbereitung am Berufskolleg Arbeitshilfe für Lehrkräfte. http://www.gib.nrw.de/service/downloaddatenbank/AP46_Jobmappe_Berufskolleg.pdf, Stand: 03.11.2015.

Haag, L./ Streber, D. (2014): Individuelle Förderung. Eine Einführung in Theorie und Praxis. o.O.: Beltz Verlag.

Häcker, T. (2005a): Mit der Portfoliomethode den Unterricht verändern. In: Zeitschrift für Pädagogik, 3/2005, S. 13-18.

Häcker, T. (2005b): Prüfungen und Standards in der beruflichen Bildung. Portfolio als Instrument der Kompetenzdarstellung und reflexiven Lernprozesssteuerung.
http://www.bwpat.de/ausgabe8/haecker_bwpat8.pdf, Stand: 03.11.2015.

Häcker, T. (2006): Vielfalt der Portfoliobegriffe. In: BRUNNER, Ilse / HÄCKER, Thomas / WINTER, Felix (Hrsg.): Das Handbuch Portfolioarbeit. Konzepte, Anregungen, Erfahrungen aus Schule und Lehrerbildung. Seelze: Kallmeyer, S. 33-39.

Kruse, N./ Hülsmann, K./ Seidel, S. (2012): Zwei, die sich ergänzen. ProfilPASS für junge Menschen und Berufswahlpass. http://www.profilpass-fuer-junge-menschen.de/files/profilpass_bwp_tagung_ws_.pdf , Stand: 03.11.2015.

Lindner, T./Mahler, J./ Siegel, C. (2012): Online-Befragung zur Jobmappe NRW Positive Bewertung und Wünsche nach Ausweitung.
http://www.gib.nrw.de/service/downloaddatenbank/online-befragung-zur-jobmappe-nrw-positive-bewertung-und-wunsch-nach-ausweitung, Stand: 03.11.2015.

Lumpe, A. (2003): Der Berufswahlpass. Ein Instrument zum selbstorganisierten und eigenverantwortlichen Lernen http://www.berufswahlpass.de/fileadmin/user_upload/pdf/Aufsatz_Berufswahlpass.pdf, Stand: 03.11.2015.

Pielorz, M./Westebbe, G. (2014): eProfilPASS(ePP). Ein Instrument zur Sichtbarmachung von non-formal und informell erworbenen Kompetenzen. In: E-Portfolio für das lebenslange Lernen. Konzepte und Perspektiven. Elsholz, Uwe/ Rohs Matthias (2014), S.93-144.

Reich, K. (2003): Portfolio. Methodenpool. http://methodenpool.uni-koeln.de/download/portfolio.pdf, Stand: 03.11.2015.

Reimann, G./Sippel, S. (2010): Königsweg oder Sackgasse? E-Portfolios für das forschende Lernen. In: Meyer, T., Mayrberger, K., Münte-Goussar, S. & Schwalbe, C. (Hrsg.) (2010). Kontrolle und Selbstkontrolle. Zur Ambivalenz von ePortfolios in Bildungsprozessen. S. 185-203.

Ripplinger, J. (2015): Lernziel Sozialkompetenz. Wie Schulen soziales Lernen systematisch fördern können. http://www.bildung-staerkt-enschen.de /service/downloads/Sonstiges/Broschuere_Mehrwert_Lernziel%20Sozialkompetenz.pdf, Stand: 03.11.2015.

Scheibel, M. (2010): Potenziale und Hürden. Welche Potenziale bietet die Einführung der Portfolioarbeit in der Schule. Und welche Hürden müssen dabei genommen werden. http://www.lehrer-online.de/815274.php?sid=397249124369810049444566615661860, Stand: 03.11.2015.

Schulministerium NRW (2015a): Ausbildungs- und Prüfungsordnung Berufskolleg -APO-BK. https://www.schulministerium.nrw.de/docs/Recht/Schulrecht/APOen/BK/APOBK.pdf, Stand: 03.11.2015.

Schulministerium NRW (2015b): Sekundarstufe II - Berufskolleg; Vorklasse zum Berufsgrundschuljahr (VK-BGJ), Klassen für Schülerinnen und Schüler ohne Berufsausbildungsverhältnis (KSoB), Lehrgänge für Schülerinnen und Schüler aus Migrantenfamilien (Internationale Förderklassen - IFK); Richtlinien und Lehrpläne zur Erprobung. http://www.berufsbildung.schulministerium.nrw.de/cms/upload/_lehrplaene/a/bg/vkbgj.pdf, Stand: 03.11.2015.

Seidel, S./Hülsmann, K./ Reinshagen, G. (2014): ProfilPASS für junge Menschen. Einsatz in der Schule. http://www.die-bonn.de/doks/2014-berufsberatung-01.pdf, Stand: 03.11.2015.

Sekretariat der Kultusministerkonferenz (2007): Handreichung für die Erarbeitung von Rahmenlehrplänen der Kultusministerkonferenz für den berufsbezogenen Unterricht in der Berufsschule und ihre Abstimmung mit Ausbildungsordnungen des Bundes für anerkannte Ausbildungsberufe. http://www.kmk.org/fileadmin/veroeffentlichungen_beschluesse/2007/2007_09_01-Handreich-Rlpl-Berufsschule.pdf, Stand: 03.11.2015.

Staden, C./Howe, F. (2013): Digitale Medien und Internet in der Berufsorientierung. http://www.bwpat.de/ht2013/ft02/staden_howe_ft02-ht2013.pdf, Stand: 03.11.2015.

Staden, C. (2014): Berufswahlpass-Online. Ein E-Portfolio-Konzept zur Unterstützung zeitgemäßer Berufsorientierung. In: E-Portfolio für das lebenslange Lernen. Konzepte und Perspektiven. Elsholz, Uwe/ Rohs Matthias (2014), S.21-39.

Thomas, M. (2014): E-Portfolio als Navigationshilfe in der Erwerbsbiografie. Die Entwicklung erwerbsbiografischer Gestaltungskompetenz als Leitlinie der Portfolioarbeit. In: E-Portfolio für das lebenslange Lernen. Konzepte und Perspektiven. Elsholz, Uwe/ Rohs Matthias (2014), S.163-176.

Wiedenhorn, T. (2006): Das Portfolio- Konzept in der Sekundarstufe. Individualisiertes Lernen organisieren. Iserlohn: Verlag an der Ruhr.

www.berufsorientierung-rek.de (2015): Übersicht über die Neuordnung der APO-BK. http://www.berufsorientierung-rek.de/assets/Uploads/Neuer-Ordner/bergang-Schule-Beruf/APO-BKbersichtNeuordnung.pdf), Stand: 03.11.2015.

www.bwp-online.net (2015): Berufswahlpass online. www.bwp-online.net. Stand: 03.11.2015.

www.dqr.de (2015): Der deutsche Qualifikationsrahmen. Der DQR. Glossar. http://www.dqr.de/content/2325.php., Stand: 03.11.2015.

Zoyke, A. (2012): Individuelle Förderung zur Kompetenzentwicklung in der beruflichen Bildung. Eine designbasierte Fallstudie in der beruflichen Rehabilitation. Paderborn: Eusl Verlagsgesellschaft mbh.